本书出版获得以下资助：

江西财经大学

国家自然科学基金地区项目：(71862013)，多层次知识隐藏形成机制及影响效果的动态研究——基于地位视角

中国博士后科学基金面上项目：(2018M642216)，组织中知识隐藏影响因素的探究——基于地位动机视角

新生代
员工的管理与激励

王志成　主编

知识产权出版社
全国百佳图书出版单位
—北京—

图书在版编目（CIP）数据

新生代员工的管理与激励 / 王志成主编 . —北京：知识产权出版社，2020.1

ISBN 978–7–5130–6738–6

Ⅰ．①新… Ⅱ．①王… Ⅲ．①人力资源管理—高等学校—教材 Ⅳ．① F243

中国版本图书馆 CIP 数据核字（2019）第 293539 号

内容提要

2018 年是特别的一年，1995 年出生的一批人，大都已经毕业，开启了求职之路。80 年代前出生的人多数已经占据了组织里中层以上的管理职位，在面对"90 后"甚至"95 后"的这一批职场新鲜血液时总是会有措手不及和喜忧参半的感觉，本书期望解开管理者在理解和管理新生代员工方面的困惑。本书介绍了新生代员工所处的环境、心理需求和工作需求、个性特征、幸福感，并给出有效管理新生代员工的建议。本书既可以作为人力资源管理和应用心理学专业的本科生、研究生和 MBA 的教材，也可以作为教师、管理人员和人力资源管理人员的参考用书。

责任编辑：张　珑　苑　菲　　　　　　责任印制：孙婷婷

新生代员工的管理与激励
XINSHENGDAI YUANGONG DE GUANLI YU JILI

王志成　主编

出版发行	知识产权出版社 有限责任公司	网　　址	http://www.ipph.cn
电　　话	010-82004826		http://www.laichushu.com
社　　址	北京市海淀区气象路 50 号院	邮　　编	100081
责编电话	010-82000860 转 8363	责编邮箱	laichushu@cnipr.com
发行电话	010-82000860 转 8101	发行传真	010-82000893
印　　刷	北京建宏印刷有限公司	经　　销	各大网上书店、新华书店及相关专业书店
开　　本	787mm×1092mm　1/16	印　　张	14.5
版　　次	2020 年 1 月第 1 版	印　　次	2020 年 1 月第 1 次印刷
字　　数	180 千字	定　　价	68.00 元

ISBN 978-7-5130-6738-6

出版权专有　侵权必究

如有印装质量问题，本社负责调换。

前　言

2018年是特别的一年，从这一年开始，2000年以后出生的"00后"一代人进入大学校园，开始了他们的大学生活；与此同时，1990—1995年出生的一批人，即"90后"和"95后"大都已经毕业，离开校园，开始了他们的职场生活。在大部分企业或组织中，20世纪60年代、70年代、80年代出生的人多数已经占据了中层以上的管理职位，这些"旧"群体在面对"90后"甚至"95后"的这一批职场新鲜血液时总是会有措手不及和喜忧参半的感觉。一方面，这些"新人"具有学习能力强、接受新事物速度快、敢于挑战权威、在工作生活中能够打破常规、在创造力和创新能力等方面远超"60后""70后""80后"等优势和特征，因而被寄予厚望；另一方面，由于他们过度追求自由，不喜欢被拘束和限制，因此与很多企业文化难以兼容，加之，一些企业在管理和激励新生代员工方面缺乏经验和有效措施，使新生代员工在实际工作中工作满意度低，离职现象频频发生。相关数据显示，"95后"新入职员工第一次就业的平均工作时间只有7个月左右。从就业到离职的高度频繁化现象对招聘方和求职者都造成了负面影响。一方面，增加了用人单位的人力成本。以电商公司为例。据采集数据，广东中山海马集团的电商部中，把一名新入职员工从客服人员培养成电商运营师需要7~12个月。高频离职的后果是公司的培训和教育等付出变成为其他公司"做嫁衣"，精英人才和优秀员工的流失更是严重阻碍了企业和组织的人才战略和发展。另一方面，该现象也加剧了大学生择业难问题，频繁的离职，使新入职员工被打上"不值得信任"的标签。以格力集团为例，其人才战略是几乎不聘用"跳槽"过来的员工。频繁的"跳槽"使新入职员工丧失了进入优质企业和公司的机会。在管理者与新入职群体在职场相处过程中的双重困境下，本书应运而生。孔子在《论语》曰："己所不欲，勿施于人。"对管理者而言，需要认识到，每一代人都有着各自独特的个性和鲜明的时代特征。正如"60后"的人追求小康和温饱，"70后"的人追求关系和谐，"80后"的人追求相互尊重，"90后"的人追求的自由和不被限制其实是时代发展的延展，是一代代人追求的延续。每一代人都是上一代人眼中的"非主流"。作为管理者，不应当以偏概全，不应当用自己的价值观要求和约束新生代员工。应该充分分析与尊重新生代员工的个性特征和工作习惯，做到"己所不欲，勿施于人"，对这一群体给予理解甚至支持。只有不断为新员工创造有利条件，让其适应组织文化和氛围，才能换得他们的忠诚度进而降低组织的人力运营成本，最终使企业在激烈的市场竞争中立于不败之地。对于新生代员工而言，要充分了解自身能力状况，选择适合自己的企业，主动融入企业的文化和氛围之中，充分发挥自身在创造力和创新等方面优势，为自身职业发展奠定基础。

本书既可以作为人力资源管理和应用心理学专业的本科生、研究生和

MBA 的教材，也可以作为教师、管理人员和人力资源管理人员的参考用书。

　　本书共分六章，第一章介绍了新生代员工的概念、新生代员工所处的环境以及新生代员工心理需求和工作需求的差异性特征；第二章介绍了新生代员工的个性特征，包括情绪、态度、价值观等，并从创造力和工作参与度两方面呈现了新生代员工独具特色的个性风格；第三章介绍如何有效管理新生代员工，其中包含行之有效的领导力、独具特色的绩效考核标准以及防止离职的工作准则；第四章介绍了如何激励新生代员工，包括新生代需求现况、组织中现存的激励机制以及如何与时俱进地激励新生代员工；第五章介绍新生代员工的幸福感，具体包括新生代员工的工作满意度、工作-家庭平衡以及新生代员工的心理安全需要；第六章研究新生代员工行为的常用理论和模型，包括自我决定理论、社会交换理论、资源模型和公平理论。

　　本书具有以下几个特点：一是体例完整，基本涵盖了新生代员工研究的基本思想、理论和技术；二是内容新颖，本书内容大量参考和借鉴了关于新生代员工最新的研究成果；三是应用性强，近年来，新生代员工的管理和激励问题越来越受到组织中管理者的重视，通过了解新生代员工的个性特质进而更好地管理和激励新生代员工是企业人才战略发展的关键；四是趣味性强，每一章都配有案例引导，结尾都配有讨论案例分析，并且在书中穿插了各种小案例、小故事和小测验等，增强了内容的可读性。

　　本书在写作过程中，参考和借鉴了大量的经典文献和最新研究资料，如为了保持原文的完整性，个别章节直接引用发表在学术期刊上的论文（已注明来源）。除此之外，对于有明确来源的参考文献都在文中用章后注的形式予以标明，在每一章结束后也再次做了标注。而部分来自互联网的内容，由于缺乏完整的信息来源，无法具体标明。在此，编者向所有引用内容和参考文献的作者表示深深的谢意。

本书首先由王志成列出全书讨论大纲，确定全书的框架结构，然后分工撰写各章，具体而言，王志成、邱星宇负责第一章、第四章和第五章内容的撰写；康东伟、帅明君负责第二章、第三章和第六章内容的撰写。其中，池诚协助了部分章节材料的收集工作；刘思敏、钟小春等协助了文字校对和订正等工作。

最后，诚挚地感谢知识产权出版社编辑老师的理解和支持。

由于编者水平有限，加之时间仓促，书中纰漏之处在所难免，敬请各位读者批评指正。

2019 年 1 月 1 日

目 录

第一章 新生代员工面临的挑战···1
第一节 新生代的缘起与概念·······································3
第二节 新生代员工所处的环境·····································6
第三节 新生代员工的差异性······································12

第二章 新生代员工的特征···17
第一节 新生代员工的个性特征·····································19
第二节 新生代员工的创造力·······································29
第三节 新生代员工的工作参与特征·································37

第三章 如何与新生代共处···61
第一节 "识时务"的领导力······································65

第二节 "接地气"的绩效考核方式……77
第三节 关于"无畏的"离职……87

第四章 如何"榨干"新生代的潜力……99
第一节 新生代想要什么……100
第二节 公司现有的激励机制……107
第三节 "与时俱进"的动机激励……111

第五章 员工幸福感……143
第一节 工作满意度……145
第二节 工作–家庭平衡……157
第三节 心理安全需要……168

第六章 研究新生代的常用理论和模型……175
第一节 自我决定理论……177
第二节 代际理论……188
第三节 社会交换理论……198
第四节 工作需求–资源模型……205
第五节 公平理论……211

第一章

新生代员工面临的挑战

> **学习目标**
>
> 1. 理解代际的概念
> 2. 掌握新生代的概念
> 3. 理解新生代员工所处的环境
> 4. 了解新生代员工在心理需求和工作需求方面的差异性

案例："考证热"

在就业压力一路飙升的今天，大学生早已不是昔日的"香饽饽"，大学毕业就找到一份心仪的工作更是困难重重。于是近些年，继考研热、考公务员热之后，各大高校又掀起了一股考证热，甚至对于很多大学生来说，证书成了衡量大学期间学习成果的主要指标。

我们走进大学校园，看到海报粘贴栏上宣传最多的，当属不同培训机构的广告，从英语四级、六级到雅思、托福，从财经类的 CPA、FRM 到 CFA，一应俱全，当然驾照、小语种学习等也不在少数。大学社团举办的一些活动的赞助也大多来自这些培训机构。从这些宣传就可以看出，大学生对于这些证书的需求与日俱增。

有些证书的考取难度不可小觑，很多大学生为了考证，每天早上五点就起床去操场背书，快八点上课的时候再匆匆赶到教室，平时吃完饭还要在宿舍看半个小时书，甚至下午逃课去自习室看书，一直学习到深夜，这付出的努力程度丝毫不亚于当初的高考备战。而且，据笔者了解，有些证书仅报考的报名费就高达上万元，如 ACCA、CFA 这类财经类考试，不仅考取难度大，光报考所有科目的报名费就要 1.5 万元以上，培训费就更高了，都是 3 万元起步。

然而，即使花费如此高昂，许多大学生对于这些热门证书还是趋之若鹜。究其原因，主要是以下几点。

（1）最重要的原因无疑是现今大学生人数剧增，大学生群体已经失去了本身的竞争优势，工作岗位对人才需求的门槛越来越高，想要在众多求职者中脱颖而出，寻觅到一份好的工作，除了学位证书外，再有一项相关的证书也能更好地证明自己的能力。

（2）用人单位普遍认为，职业资格证书可以证明求职者已经拥有从事某种工作必须具备的学识、技术和能力。现在很多职业还设置了入职证书门槛，如初级会计师、证券从业资格证书等。另外，用人单位在招聘过程中没法通过有效手段来评估一个应聘者的专业素养到底如何，所以一项含金量高的证书无疑给了招聘者一个有效的保障。

（3）我国现阶段高校人才培养模式和质量存在较明显的不足，培养的人才满足不了社会和用人单位的需求，这一点也是当今我国高校普遍面临的一个问题。教学内容落后，不符合现今变化的趋势，造成大学生所学知识和社会所用知识脱节。而且培养的大学生创新、创业能力不强，适应社会的能力也普遍欠缺。再加上现代科学技术的快速发展，大学生不得不用一些证书来提高自己的就业竞争力。

所以，了解现今新生代择业的环境压力后，我们也不难理解为什么大家都会选择多多考取证书来证明自己了。

第一节　新生代的缘起与概念

代际理论是科学界定新生代员工的基础。有关代际方面的研究起源于西方，主要包含代际的概念、代际差异形成的原因、划分标准、对组织的影响和如何管理代际差异等方面的内容。代际学者认为发展是个体和社会实践的交互作用，强调社会因素对人类发展的重要影响。在代际界定方面，主要围绕年代和历史事件的相互作用进行划分（张光磊，周金帆，2015）。

一、代际的概念

目前有关于新生代员工的研究充满争议。有学者认为所谓的代际差异只是新员工与老员工的差异，更多学者指出，新员工与老员工相比是有着独特差异性的。库珀施密特和贝蒂（Kupperschmidt, Betty, 2000）认为，"代"是指由具有共同的出生年代、年龄阶段并且共同经历关键成长阶段重大人生事件的个体构成的可识别群体。斯特劳斯和豪（Straus, Howe, 1991）认为，"代"是指所有在20年间出生的人群总和，并将"代"定义为特定的群，其时间长度大约以22年为基础。伊尔曼和特纳（Eyerman, Turner, 1998）认为，"代"是指在相同时期出生成长、拥有相似的习惯和文化以及共同记忆的一代人。张永杰和程远忠（1988）认为，代的划分标准主要是意识形态和价值观念，遵循时间顺序。杨雅彬（1994）认为，代际划分的重要标准是不同社会背景造成的社会价值观异同。尽管中外学者在对代的描述上存在一定的差异，但大部分学者对代际的认识在三个方面形成了一致看法：①同一个代际具有共同出生年代；②同一个代际具有共同成长的社会背景和关键历史事件；③同一个代际具有某些共同群体特征和行为方式。

二、新生代的概念

从国外研究上看，斯特劳斯和豪（1991）将新生代划分为沉默一代（the

Silent)、婴儿潮一代（the Baby Boomer）、X一代（Generation X）和Y一代（Generation Y）。Y一代是相对于X一代的一个概念，被认为是美国的新生代。皮克塔利斯（Piktialis D）等西方学者达成共识，认为Y一代的出生年代基本上在一致的区间段内，多数学者认为20世纪80年代出生的人是Y一代的主体，他们在生活中更偏好于运用网络技术进行沟通。汉斯福德（Hansford D）从社会学和管理学的视角对美国20世纪四代人口的出生年代、数量、占人口比例、优缺点和可激励因素等方面进行了总结和对比，形成较为完整的研究系统。

从国内研究上看，恭小兵最早提出"80后"这个词，原本仅是对文坛1980—1989年出生的年轻作家的称呼，但当前"80后"这个术语已经被扩展到各个领域，代指大多数新生代。谢蓓等认为"80后"是指20世纪80年代出生、步入社会不久的新生代群体，他们正处于职业探索期。贺志刚（2006）考虑了"80后"成长环境中科技元素的重要性，指出他们是伴随着计算机以及互联网成长起来的一代人。张光磊和周金帆（2015）认为新生代员工是指在20世纪70年代末到90年代初出生，伴随着中国改革开放、市场经济体制确立和全球化、高科技产业革命成长起来的可识别群体。这一群体在人格特质和工作价值观上都呈现出明显的多元化，他们既包括了独生子女，也包括了非独生子女，20世纪80年代出生的人群是这一代际的主体。张光磊和周金帆（2015）对于上述定义，还做出以下几点解释和说明：第一，在时间划分依据上，20世纪70年代末到90年代初是中国改革开放的第一阶段。在这一时期，中国的政治、经济、社会等领域发生了历史性的剧变，在这一期间出生的人群有着相似的时代背景、流行文化、历史事件等社会标识，因此，他们都应该属于新生代员工，其中，80年代出生的人群是新生代员工的主体部分。第二，在共同成长背景和关键历史事件上，中国新生代员工出生和成长的历史环境是：国内揭开了改革开放的序幕，经济体制开始从计划经济转向市场经济，西方思想文化和价值观开始涌入中国；国际上全球化趋势明显，高新技术发展迅猛，尤其是计算机和互联网的出现，改变着人类的生活状态和行为方式。第三，在共同的群体特征和行为方式上，由于中国社会的剧变，新生代员工的人格特质和工作价值观出现了显著的变化，不仅与以往代际之间存在巨大差异，其内部也具有较大差异。随着出生在1990年以后的一类人（"90后"）已经进入职场，甚至成为很多单位的中坚力量，本研究将新生代员工范围侧重于"90后"。

第二节 新生代员工所处的环境

知识经济时代，组织的发展更多依靠人才，人才发展战略成为组织战略的核心战略。组织间的竞争也更多地表现为人才的竞争。近年来，新生代员工逐渐进入管理者的视野，成为职场中的主力军。由于其成长环境和成长背景较"90前"存在巨大的差异，导致职场生活中出现了基于价值观差异的各种各样的矛盾和冲突。因此，对新生代员工问题的研究，尤其是对新生代员工成长环境、工作环境等方面的研究迫在眉睫。

一、新生代员工的成长环境

从社会环境的视角上看，在政治方面，新生代员工出生和成长在一个政局稳定，以和平和发展为主旋律的时代，感受着国家民主政治不断发展，法治建设不断完善。这些都为新生代员工追求自由、个性，不喜欢被约束和限制等性格特质奠定了政治基础。在经济方面，随着计划经济转向市场经济以及40年来改革开放政策的实行，中国经济得到飞跃式的发展，人们的物质生活得到了极大的满足。特别是20世纪90年代以来，随着互联网在国内的蓬勃发展，互联网企业（阿里巴巴和腾讯等公司）的不断涌现使新生代员工成为天生的互联网人。依据马斯洛需求层次理论，他们从出生时起就获得了生理和安全方面需求的满足，不必再为吃饱和穿暖而担心，转而更多地追求自尊、成长、自我实现等精神层面的需要。在教育方面，新生代员工普遍接受和经历了从小学、初中、高中到大学的正规教育，他们经历了中国教育从精英教育转变为大众教育的阶段。他们经历了小学期间便被要求"琴棋书画"样样精通到国家强制要求减负，中学参加各种"补课班"到国家明令禁止开设补课班以及大学面临"考证热"的过程。这样的教育环境下，一方面造就了新生代员工在知识储备和文化水平方面具备上一代人无可比拟的优势；另一方面也导致他们在大学毕业后面临着更为艰难的就业局面和更大的竞争压力。新生代员工所接受的基本是应试教育，在以往的考核标准中往往只注重成绩而忽略实际操作等综合素质的全面培育，"眼高手低"的现象屡见不鲜，大学生毕业即失业的报道层出不穷。在文化方面，在国家改革开放的浪潮下，西方自由思潮被引入中国，与我国传统观念不断冲击和融合。新生代员工出生和成长在这样的文化背景下，他们的价值观、人生观和世界观发生了很大的变化，逐渐形成他们独特的生活方式。一方面，他们渴望和崇尚自由，对新事物接受能力强，敢为人先，敢想敢做，创新思维，挑战权威；另一方面，他们流动性强（任性），对组织缺乏忠诚度，心理承受能力差，缺乏坚持性。在家庭方面，他们是计划生育政策下的宠儿。而计划生育政策下的新生代员工，往往都是家里的独生子女，他们身上寄托着来自父母和家人全部的希望，望子成龙、望女成凤的过度期待，造成了这一代人的"营养过剩"。一方面，他们承载了来自家人过重的期待，从小便穿梭于各种各样的补习班和兴趣班，使他们成为"没有童年"的一代人；另一方面，来自家人的过度溺爱又使他们骄纵成性，成为家中的"小皇帝""小公主"，难以融入集体，更难以融入职场生活。这导致了新生代员工往往离职率较高，有研究显示：新生代员工的第一份工作平均持续时间长度只有7个月。

二、新生代员工的生存环境（居住和工作环境）

新生代员工的生存环境主要包括居住条件和工作环境两个方面。

（一）居住条件方面

为了节约生活成本，许多新生代员工选择居住在出租屋、单位宿舍等临时住所，这些地方有时会存在人口密集、生活设施差、通风采光弱、公共设施不完善等问题，带来了许多隐患。大量国外的研究证实，住房拥挤、通风不良、潮湿阴暗、噪声污染、随处可见的垃圾废弃物、比比皆是的墙体涂鸦等不合格的居住条件与呼吸道传染病、慢性病、心理疾病等发病率高密切相关。居住在这些临时住所里，面临空气、人口、设施等多方面的问题，久而久之会给新生代员工身体状况带来一定影响，不利于新生代员工的身体健康，同时影响心理，对新生代员工心理健康也产生一定消极影响。

居住条件主要包括住房质量、住房来源和居住环境三个变量，其中住房质量主要通过住房类型和住房室内基本设施等来反映，居住环境则通过住房室外空气质量、住房室外噪声质量、居住周边有无污染型企业以及参加社区活动情况、与家人同住等来反映，具体阐述如下。

1. 居住条件与自评健康

俞林伟（2016）发现，在控制主要人口与社会经济特征后，住房质量和居住环境越好，新生代员工的自评健康自然就越高。自评健康与住房质量的关系主要通过住房室内基本设施这一变量来建立，在控制主要人口与社会经济特征后，住房室内基本设施越多，新生代员工的自评健康就越高，即住房质量与新生代员工自评健康存在显著的正相关关系。居住环境中，住房室外空气质量和噪声质量与新生代员工自评健康有着显著的负相关关系，即空气污染和噪声污染程度越轻，则新生代员工自评健康越高，居住周边有污染型企业会给新生代员工自评健康带来显著的负面影响。此外，参加社区活动频率越高，同时又与家人同住，则新生代员工自评健康水平就会越高，即二者存在显著的正相关关系。这说明，社区和家庭的社会支持对提升新生代员工健康水平有重要作用。

2. 居住条件与精神健康

精神健康与住房质量的相关关系通过住房类型这一变量来建立，根据俞林伟（2016）的研究，在控制主要人口与社会经济特征后，住房类型与精神健康呈负相关，即住楼房的新生代员工的精神健康较好。在居住环境中，住房室外空气质量和住房室外噪声质量与精神健康呈显著的正相关关系，即住房室外空气质量和噪声质量越好，新生代员工的精神健康程度就越好。此外，参加社区活动、与家人同住情况与精神健康也呈现正相关关系。由此可推出新生代员工更多地参与社区活动以及选择与家人同住，能够给自身更多的精神慰藉，从而缓解心理压力。

3. 居住条件与四周患病率

据俞林伟（2016）研究，在控制主要人口与社会经济特征后，除了住房来源、参加社区活动情况、与家人同住情况外，其余居住条件指标均与四周患病率无相关，由于四周患病率是短期指标，更多反映的是新生代员工居住条件的短期情况。由此可见，居住条件对新生代员工的影响应从长期视角来看，而不是短期能够实现的过程，用四周患病率指标来评判具有一定的局限性。

（二）工作环境方面

除了居住条件，工作环境对新生代员工的身体健康和心理健康同样有重要的影响。很多研究表明，工作压力大、长时间加班、有害工作环境等工作状态对个体健康产生不利的影响。长此以往，新生代员工精神健康状况将会受到严重的影响，出现紧张、焦虑、烦躁等心态，首先是引起心理健康水平的降低，进而影响身体健康和工作效率，导致劳动供给时间的减少。

工作环境主要包括工作环境有害性、冒险作业可能性、加班情况和员工关系四个变量，具体阐述如下。

1. 工作环境与自评健康

在工作环境的四个变量中，工作环境有害性、冒险作业可能性与新生代员工的自评健康之间存在显著的负相关关系,即工作环境有害性越高,冒险作业可能性越大,新生代员工的自评健康水平就越低。由此得出,工作时长期处于不同程度的有害环境中,如粉尘、噪声污染较严重的工作场所,将会严重影响到新生代员工的身体健康,甚至诱发职业病。加班情况与新生代员工的自评健康的相关关系不明显。员工关系则是与新生代员工的自评健康呈现正相关关系,即员工关系越亲密,交往越频繁,新生代员工就越能融入企业,自我评价健康水平也就越高。

2. 工作环境与精神健康

据俞林伟(2016)研究,工作环境的四个变量中,工作环境有害性、冒险作业可能性以及加班情况均与新生代员工的精神健康呈明显的负相关关系,员工关系与新生代员工的精神健康之间的关系则不显著。经常暴露在较差甚至有毒有害的工作环境中,或者工作环境中缺乏基本的劳动保护措施,对员工身体的有害性强,则员工的身体健康状况就越差,身体状况影响心理状态,长此以往,新生代员工的精神健康状况就越差;从事高危职业或者是工作中存在冒险作业,容易给新生代员工带来较大工作压力,高度紧张、焦虑的情绪也容易影响其精神健康状况;加班时间越长、加班频率越高,越容易给新生代员工精神健康带来负面影响。

3. 工作环境与四周患病率

在工作环境对新生代员工心理健康产生影响的四个变量中,除冒险作业可能性和加班情况对新生代员工的四周患病率有显著的负面影响外,其他影响均不明显。冒险作业可能性越高,加班时间越长、频率越高,工作压力越大,其四周患病率就越高,风险越大。由此可见,新生代员工的超负荷工作和高危作业是以牺牲身体健康为代价的。

综上所述,住房类型和住房室内基本设施与新生代员工的身体与心理健康呈现显著正相关关系,如果住房室外空气质量差、住房室外噪声质量差、居住周边有污染型企业指标则会对新生代员工产生一定程度的负面影响。新生代员工可以通过积极参加社区活动、选择与家人同住等来给自身更多的精神慰藉,从而缓解心理压力。工作环境中也有较多不利于新生代员工身体健康和精神健康的变量,如长时间暴露在较差甚至是有毒有害的工作环境中,从事高危职业或者工作中冒险作业的可能性较大,长时间、高频率加班等,这些变量与新生代员工身体与精神健康之间的负相关关系应当引起重视。此外,搞好员工关系则与参加社区活动和与家人同住一样有着积极的正向作用,有利于新生代员工调节心情、缓解压力。

第三节　新生代员工的差异性

一、新生代员工的性格差异

经济全球化使世界经济日益成为紧密联系的一个整体,商品、人口、货币、资源等在全球范围内流动,社会更加趋向于政治民主化与思潮多元化。面对更加开放多元的环境,成长于这一时代的新生代员工与老一代员工相比,没有了思想的封闭与禁锢,他们拥有更丰富的资源、更便捷的渠道以及更开阔的视野,这使他们更加追求平等、自由、民主以及个性的张扬,但同时也由于良好的成长环境，新生代员工缺乏足够的抗压能力，心理素质不高，无法较好应对突发事件与巨大压力；其次，在计划生育政策的影响下，新生代员工作为第一批独生子女，普遍获得了父母的悉心照顾与大量投资，他们更加注重自尊而对社会赞许的需求较低，而部分新生代员工获得的家长式关心甚至演变为溺爱，造就了他们叛逆、藐视权威、以自我为中心、缺乏团队协作意识的性格。同时，随着国家加大教育投资、社会关于接受教育的意识逐渐提高，新生代员工普遍接受过高等教育，相比于老一代员工，他们拥有更高的文化水平。刘苹对"80后"员工与"80前"员工的员工行为对比研究，结论得出："80后"员工的组织公民行为显著高于"80前"员工；"80后"员工的反生产行为显著低于"80前"员工，其中人际偏离维度也显著低于"80前"员工。越发正规以及系统的家庭教育与校园教育使新生代员工在社会方面拥有更高的公民意识，他们趋向于遵守法律与规则；而在个人方面则更倾向于认为所有事情的结果皆源于自身，成功是个人努力的结果；同时，由于接受了长时间的学校教育，新生代员工相对缺乏工作实践与经验。另外，由于互联网的发展与虚拟经济的兴起，与老一代员工相比，新生代员工对新鲜事物的接受度更高，他们表现出更强的创新意识与学习欲望，因而他们能够及时了解社会需求变化，不畏挑战、把握机遇；但同时，他们也由于沉溺于虚拟世界而缺乏现实世界中的沟通交流，导致他们面对面沟通能力差、合作意识淡薄。

二、新生代员工的心理需求差异

在经济全球化的驱动下，改革开放得到实施，国家综合实力提高，经济迅速增长，物质财富逐渐实现富余，这使新生代员工不再像老一代员工一样只追求生存需求与安全需求的满足，而是追求更高层次需求的满足，如社交、尊重与自我实现的需求满足。尤佳研究国内各行业员工样本后得出结论，中国职场的休闲价值观、外在价值观（薪酬、物质及声望等）及内在价值观（个人成就感等）随代际发展稳步上升，新生代显著高于老一代员工。新生代员工逐渐从"为了工作而生活"转向"为了生活而工作"，从单纯地追求物质世界的富足逐步转向精神世界的充实与饱满。对于新生代员工来说，工作与生活的协调无比重要，他们注重生活质量与个人价值的提高；他们对成就感有较高的需求，渴望实现理想、创造价值；他们追求自我表达与自我享受。因而与持有传统观念的老一代员工相比，新生代员工更倾向于拥有平等、自由、个人自主性较强的组织文化以及能够提供开阔平台以充分展现自我的企业而非传统的官僚制企业，他们希望自己的工作时间足够灵活，工作环境自由舒适而非"朝九晚五"；同时，新生代员工希望能够获得公平公正的待遇，无论是薪酬还是上下级的交往。他们不喜欢利用权力或地位行事的工作方式，更希望能够凭借实力获得赞许，偏爱能够对下属做到一视同仁、尊重下属、理解下属、关怀下属的管理者，他们希望自己与管理者是平等互利的合作伙伴关系而不是等级界限分明、只存在命令–服从的单向交流的上下级关系。

三、新生代员工的工作态度差异

开放多元化的环境造就了新生代员工独一无二的工作态度，根据李燕萍对新生代员工工作价值观结构的研究可得出结论：新生代员工具有"自我–平等–

革新－发展"的工作价值导向,他们既追求自我情感的满足,又渴望获得平等融洽的组织关系氛围,同时具备较强的革新意识,期待获得个人职业长期发展。新生代员工不安于现状,也不循规蹈矩,他们讨厌单调乏味、一成不变、缺乏自主性与挑战性的工作,他们渴望接受更富有挑战性与新鲜感的任务,希望自己能够从工作中获得乐趣,享受工作带来的充实感与快乐,而非沦为工作机器。与老一代员工相比,新生代员工不再追求与企业间的"心理契约",新生代员工表现出更高的离职倾向。于新生代员工而言,工作的频繁变动不是一件"不合适的事"。另外,新生代员工讨厌一切形式主义,如开会、讲座、典礼等,他们希望自己做的工作是富有意义的,希望自己做的工作对自己或是对他人是有帮助的。再有,新生代员工生长于一个信息大爆炸的时代,这使新生代员工可以凭借互联网渠道更加快速方便地获取到更多的信息,从而能够接触到不同的价值观,而这些不同的价值观也对新生代员工产生深刻的影响,使新生代员工无法像老一代员工一样对待工作兢兢业业、认真且踏实,他们时常分心,无法安心工作。

参考文献

贺志刚,2006. 80后:管理还是激励 [J]. IT经理世界(13):89.

杨雅彬,1994. 今日中国的代际差异——兼论代际和谐 [J]. 浙江学刊(3).

俞林伟,2016. 居住条件、工作环境对新生代农民工健康的影响 [J]. 浙江社会科学(5):75-84.

张永杰,程远忠,1988. 第四代人 [M]. 北京:东方出版社:10.

张光磊,周金帆,2015. 新生代员工的定义与特征研究述评 [J]. 武汉科技大学学报(社会科学版),17(4):449-454.

EYERMAN R, TURNER B S, 1998. Outline of a theory of generations [J]. European Journal of Social Theory, 1（1）: 91-106.

KUPPERSCHMIDT, BETTY R, 2000. Multigeneration Employees : Strategies for Effective Management [J]. The Health Care Manager, 19（1）: 65-76.

STRAUS W, HOWE N, 1991. Generations : The History of America's Future [M]. New York : Quill.

VALLERAND R J, TOWARD A, 1997. Hierarchical Model of Intrinsic and Extrinsic Motivation [J]. Advances in Experimental Social Psychology, 29（08）: 271-360.

第二章

新生代员工的特征

学习目标

1. 掌握新生代员工的个性特征
2. 了解新生代员工的创造力特征
3. 了解新生代员工的工作参与特征

案例："996"

关于"996"的争论一直存在，但在 2019 年 4 月"996"成为网议热点。所谓"996"，指的是上班时间从早 9 点到晚 9 点，一周 6 天。网友用这三个数字来泛指企业要求员工经常性加班，以至于将身体弄垮，导致"上班 996，生病 ICU（危重病房）"。

对于"996"，老板大多赞成，并以自身为例，马云等大佬就是例证。员工多数反对，但大多是"敢怒不敢言"，只能在网上"吐吐槽"。

"996"的文化根源

其一：传统文化影响。古有明训"勤能补拙"，认为更多的付出能够弥补主观能力上的欠缺，并能够提高效率，所以不少人相信这一条，为此而加班加点。

其二：中国人对家庭和生活、组织与个人的边界没有那么泾渭分明。在西方国家，员工下班就将手机关掉，享受不受干扰的私人和家庭生活。但在中国，我们长期以来崇尚"奉献精神"，鼓励"事业为重""爱厂如家"等，因此并不排斥在工作时间以外继续工作，往往没有那么在意自己的私人生活。不少企业领导就明确要求员工 24 小时手机开机，且认为这是合理的。

其三：社会环境使然。改革开放以来，我们一直是以速度创效益，"时间就是金钱"，多一份时间工作，就多一份经济效益。不仅企业如此，不少政府领导也经常将"5+2，白+黑"作为工作常态。而现在这一情况已经引起重视和反思。

其实，即使在以"加班文化"著称的日本，现在也在对这一现象进行深刻反省。日本的"加班文化"由来已久，且同样有着文化渊源。

一是社会文化影响。在日本，一个公司职员，尤其是男性，如果正常下班较早到家，邻居会投以异样眼光，认为这位先生一定不是单位的重要角色，家人甚至也会倍感压力。美国南加州大学的美籍日裔学者威廉·大内教授在其管理学名著《Z理论》中便对此有生动的描述。二是公司文化压力。在日本的公司里，老板不走，员工不敢走，同事不走，你也不敢走，因为生怕引起老板的不满，同事的排挤。日本关西大学经济学家森冈孝二的著作《过劳时代》中，就以大量数据和充实案例，为我们全面论述了过劳时代的实貌，并介绍了美国、荷兰和日本对此问题的反思和改进的努力。

第一节　新生代员工的个性特征

有效的人力资源管理已经成为组织成功发展的关键所在，处于不同岗位的有"个性"的员工是企业保持竞争优势的主要来源。而"个性"鲜明的新生代员工，在传统的价值体系和评价标准下被定位为"自私、没有责任感的一代""垮掉的一代""以自我为中心的一代"和"问题青年"是不可取的。同时，企业管理人员特别是"60后""70后"的管理者通常以其自身的经历和价值观衡量新生代员工，不能客观认识不同工作群体的性格、工作价值观等代际差异，使富有"个性"的新生代员工常被视为"异类"。为了提高组织有效性和生产效率及产生代际协同，管理者应该了解代际差异，从而更加科学地管理好员工，提高组织的竞争力。因此，有必要更为深入地分析和了解新生代员工的个性特征、态度、情绪以及价值观、敬业度、自我效能感等方面的实际特征，以期客观地评价新生代员工，促使管理者减少对新生代员工的质疑、偏见或歧视，采取适合新生代员工的管理方式，制订个性化的管理措施，为企业进一步发展和赢得人力资源优势提供一定的参考。

一、个性特征

（一）个性特征产生的原因

新生代员工成长于改革开放、市场经济建立和完善的历史背景下，生长于科学技术迅猛发展的时代。网络技术和信息技术改变了人们生活、工作，各国都面临全球化挑战。具体而言，新生代员工的成长主要受到以下因素的影响。

1. 政治因素

新生代成长在一个整体政治局势稳定、倡导民主政治、思潮多元化的时代。新生代员工没有受到过计划经济体制下"螺丝钉精神"的教育，接受过市场经济大环境下"变革教育模式"的熏陶。

2. 经济因素

中国从计划经济向市场经济转变，经过了三十多年的高速增长，综合国力不断提升，社会物质财富迅速增长，而新生代的出生环境普遍满足了生存需要和安全需要，面临追求更高层次需要的环境。经济水平的提高使新生代在物质消费、追求时尚等方面倡导与众不同，喜欢新鲜事物，逐渐形成了自己独特的生活方式。

3. 教育因素

新生代员工普遍接受过系统的教育，经历过小学、初中、高中甚至大学等长时间的正规性和系统性的学习，其文化水平普遍较父辈和前辈要高。

4. 科技因素

新生代成长在信息爆炸的时代，是伴随着互联网成长的一代，互联网搭建的开放式信息平台和虚拟空间，为这一代人提供了一个全新的沟通方式。由于网络的开放性、分散性特点让思想和观点更加多元化，使新生代更具有国际眼光，有更多的机会发表自己的意见，公民意识普遍增强；同时，由于网络的异质性、虚拟性、自主性、独立性等特点，可能导致新生代分不清虚拟环境和现实环境，缺乏规则意识和合作精神。

5. 社会文化因素

国家经济持续高速的发展为新生代提供了相对富足的物质条件，经济与社会的快速发展使新生代的价值观、人生观发生了一些变化，使他们逐渐形成了多元化的价值取向。

6. 家庭因素

计划生育政策1982年9月被定为基本国策，同年12月写入《中华人民共和国宪法》。主要内容及目的是：提倡晚婚、晚育、少生、优生，从而有计划地控制人口。中国的计划生育政策使新生代成为了第一代独生子女，父母和祖辈给予了他们全部的爱，甚至由关心变为溺爱，使新生代成为"被惯坏的一代"，他们以自我为中心，占有意识比较强，不懂得妥协与忍让，合作意识也比较淡薄。

（二）个性特征的具体表现

（1）政治因素主导下，新生代员工具有崇尚自由、平等、多元化的价值观。在我国民主政治和市场经济的发展之下，新生代员工成长于思想交流碰撞的和平年代，与上一辈相比，他们更乐于接受新思想、新文化，追求自由、平等，个性张扬，思维开阔，头脑灵活，敢于挑战权威。受到国外文化的影响，新生代员工形成了多元化的价值观，而且这种观念还在与外界环境的不断交互中得到强化。

（2）家庭因素推动了新生代员工自我意识的高涨，但也会让新生代员工缺乏责任意识。作为独生子女，新生代员工享受了大家庭给予的呵护，受到宠爱甚至溺爱，使他们形成不善于妥协和忍让的特点，强调自己的个性和地位。在这种意识习惯下，新生代员工易形成以自我为主的思维习惯，占有意识比较强，合作意识、责任意识却比较淡薄。面对问题时，老员工可能会采用激烈的争论或温和地采用"大事化小，小事化了"方式来进行回应，而新生代员工在自我意识的驱动下，也会采用"懒得理你"和"你根本就不懂"等这种"佛系"的态度进行回应。许多新生代员工从小到大都是父母对他们负责到底，他们没有接受过现实社会的考验，因而可能普遍缺乏责任感。老员工在接受某一项工作任务时，哪怕占用了业余时间，也要负责地把工作做好，而新生代员工从骨子里认定业余时间神圣不可侵犯；传统的职业观念强调员工对企业忠诚，企业为员工提供各种保障，但是新生代员工持有多变的职业观，甚至可能因为新鲜而尝试不同的职业领域。新生代员工认为企业的责任是为员工提供发展机会，他们更加看重企业是否具有培养员工综合素质的实力和平台，因此一旦企业无法满足这一点，很多人就会毫不犹豫地选择离职，有时候甚至会因为一些不愉快的事情而选择离职，并不考虑离职后果。

（3）教育和科技因素使新生代员工具有文化水平较高、学习能力强的特征，同时也使他们缺乏清晰的自我定位。新生代员工从小就有稳定的学习环境和良好的学习条件，父辈所信奉"知识改变命运"的观念使他们承载着希望，他们大多都经历了正规、系统性的学习。在学习的过程中，除了基础和专业知识外，他们更注重外语和艺术类的学习，这也使新生代员工比较容易获得新知识和新信息。在科学技术进步的推动下，随着知识更新速度和信息传播速度的加快，新生代员工已经迫切认识到持续学习的重要性，很多时候要求新生代员工在工作中即学即用，较高的文化水平和先进的学习工具为新生代员工提高学习能力打下基础。除此之外，长期处于"象牙塔"中，理论与实践的脱节会暴露出新生代员工"眼高手低"的问题。初入职场的新生代自恃受过高等教育从而希望获取一份"钱多事少离家近"的工作，而初出茅庐的职场新人往往不能胜任这些工作，从而导致"我想做的"和"我能做的"之间出现不匹配，出现自我定位不准的问题。

（4）社会文化、经济和家庭三方驱动下，新生代员工面临着巨大的工作和生活压力，他们愿意表现，渴望得到认可。自改革开放以来，中国经济崛起是建立在"加班文化"上的"弯道超车"，较为出名的例子如华为的加班文化以及近期热议的"996"工作制。由于工作时间显著影响公司的绩效水平，在这种文化的引领下，新生代员工面临巨大的工作压力。与此同时，上有老下有下的"421"家庭模式（上面赡养两对父母，下面负责抚养一个孩子），在"二胎"政策的放开后加重了新生代员工的生活压力，与此同时，他们还需要面对买房、买车、个人超前的消费欲望、薪酬增长的速度远远落后于物价上涨的速度等经济压力。在家庭关爱下成长的新生代员工没有经历过大的艰辛和挫折，一旦进入职场各种压力接踵而来，容易产生心理波动，情绪变化大，导致心理失调。有关数据表明，在过去的20年中，青少年的心理健康水平在下降，主要表现为：消极的心理特征，如心理问题、焦虑水平、抑郁水平等逐渐提高，一些吸毒、犯罪或自杀等自我否定行为也引起了社会的广泛关注。因此，他们往往也会在工作中有所成就，强烈期望得到社会的认可，热衷于具有挑战性的工作，期望得到更好的发展机会、更高的待遇、弹性化的工作岗位、持续的学习机会，他们非常在意企业是否公平地对待自己，而且希望自己对时间和精力的投入能够马上见效。

二、态度

（一）对工作的态度

不同年龄段员工的工作追求存在较大差异。从组织整体工作看，新生代员工更加注重组织变革发展，也比较看重组织认同和支持；而老员工则希望实现稳定和良性发展，相对在意物质回报。首先，新生代员工和老员工对组织发展方向的心理定位不一致，面对日益多变的经济社会发展环境，新生代员工迫切希望单位能够积极变革，通过组织发展思维、工作理念等方面的革新，激发组织发展的新活力；而老员工的务实理念非常突出，组织变革既需高昂的成本，同时也会引发一些不必要的风险，这些都是老员工不愿意承受的。其次，新生代员工更加注重心理感受，而老员工则相对更加看重物质回报。新生代员工初入职场，往往存在快速建功立业的想法，因而非常注重单位对自身发展的认同和支持，即相对更需要精神激励；而老员工在长期工作中，斗志与激情已经大大消解，且面对较大的生活压力，比较在意稳定的薪酬回报。在职场文化的维护上，老员工尊重领导与权威，深谙职场文化的传统与规则；新员工一般从自己的喜好出发，无意关心职场政治，如不太关心公司高层领导变动，不会主动留在办公室加班，也不会特意与上司搞好关系。在对待工作的认知上，老员工将工作视为自己的事业，将公司看作自己的"第二个家"，全心全意对公司忠诚以期获取公司的回报，同时工作收入也是其养家糊口的保障，金钱属性排在第一位；相比之下，新生代员工将公司作为提升自身综合素质、实现兴趣爱好的平台，他们进入公司的目的一部分是为了经济来源，另一部分可能是自己的兴趣爱好和理想抱负，一旦公司所提供的东西满足不了他们的需求，他们就会选择"跳槽"。"跳槽"对于老员工而言，是为了更好的收入和平台，新生代则将"跳槽"看作追求自己理想、实现自己需要的渠道。在工作与生活关系处理上，老员工是工作为主，生活为辅，大多数是为工作牺牲个人时间；新生代员工大多能将工作和生活分开，比较在意工作和生活的平衡，工作并不意味着他们的一切。最后，在工作形式的选择上，老员工对工作的内容不太关注，无论是大量重复性的流水线工作还是压力大的岗位均能很好胜任；相对而言，新生代员工希望从事有挑战性和有趣味的工作，新生代员工不会严格遵照职务描述书履行职责，因为这些年轻员工每隔一段时间就希望改写自己的职务描述书。

（二）对生活的态度

关于挣钱：

"70后"：最近银行的利息是涨了还是下调了，哪种投资方式的收益是最稳定的？

"80后"：虽然赚钱不易，但是该花的就花，毕竟生活质量要跟上。

"90后"：赚钱不花，我赚钱还有什么意义？现在不花，等老了来再花？

关于花钱：

"70后"：挣钱不容易，能省则省。

"80后"：这个月要还房贷、车贷，还要人情礼，对了，最近股市走向怎么样？

"90后"：房租、信用卡、聚餐、旅游，还有购物车该清一下了。

关于工作：

"70后"：鞠躬尽瘁，死而后已。

"80后"：内心拒绝加班，但是不得不做。

"90后"：除了工作，人生还有很多乐趣，拒绝盲目跟从。

关于婚姻：

"70后"：相亲对眼就行。

"80后"：无所谓，感情好就行了。

"90后"：结婚需要感情吗？为什么要结婚？还需要结婚吗？

关于保险：

"70后"：买，老了不用担心。

"80后"：买保险还是很有必要的，未来的事说不清楚。

"90后"：买什么保险啊，活得到哪天都是个问题。

关于日记：

"70后"：半夜，在昏黄的灯光下，记录下一天的心得……

"80后"：博客、社区、论坛，各种帖子建楼评论回复，愤青嗨起来！

"90后"：刷微博、朋友圈。

关于K歌：

"70后"：《月亮代表我的心》《滚滚红尘》《万水千山总是情》。

"80后"：《突然的自我》《海阔天空》《死了都要爱》。

"90后"：麦霸，没有什么不会唱的。

关于喝酒：

"70后"：中年发福都是年轻时喝下的酒。

"80后"：来来来，都是兄弟，喝开心！

"90后"：我不是随便喝酒的人，喝起酒来不是人。

关于旅游：

"70后"：到每个景点拍"V"字pose。

"80后"：有钱哪里都可以去，没钱家里蹲。

"90后"：世界那么大，想走就走。

关于理财：

"70后"：求安稳，购买靠谱的活期理财产品。

"80后"：钱不放在一个篮子里。

"90后"：不"月光"就偷笑了，当然也可以买点起点低的活期理财产品。

三、价值观、敬业度、自我效能感

（一）新生代员工敬业度现状

前程无忧发布的《2019年应届生调研报告》显示，2018年应届毕业生平均离职率为24.6%，工作强度相对较大、薪酬待遇低、工作环境较为艰苦是离职的主要原因❶。在目前国内就业压力的背景下，许多刚刚步入职场的员工都持有"先求职，再就业"的就业心态，由于缺乏明确的职业规划，他们试图通过跳槽来尝试更多的经历，以找到自己合适的位置。当员工对现有工作满意度较低，不想继续与企业共同成长时，便很难服从企业的管理要求，很难做到敬业，这对企业的人力资源管理造成了巨大挑战。

（二）敬业度的概念

迄今为止，不少学者对敬业度的概念进行了定义，相关研究内容已经较为成熟。

敬业度（engagement）的概念最早由美国学者卡恩（Kahn, 1990）提出，他认为敬业度是指组织成员将自我与工作角色结合起来，在工作中投入感情、认知与体能的程度。

朗格兰等（Langelaan et al., 2006）运用大五人格特质理论，研究敬业员工的个性特质，发现敬业员工所具备的典型特征是高外向性、低神经质、高灵活性。

怡安翰威特公司通过长期实践研究，将敬业度定义为员工在情感与智慧上

---

❶ 前程无忧. 2019年应届生调研报告 [EB/OL]. (2019-07-15) [2019-08-01]. http://marketwatch.hroot.com/company/Detail-16081-cn.cis.

对企业投入或承诺的程度，主要表现在三个方面：宣传（say），员工不断地向同事、潜在同事、客户高度赞扬自己的公司，用积极的、正面的语言描述公司及工作；留任（stay），员工强烈地希望成为公司一员，对组织有强烈归属感；努力（strive），他们竭尽所能，愿意为公司的经营成功付出额外的努力。

（三）代际冲突是否会影响员工敬业度

员工的组织认同感和敬业度对企业发展具有重要作用，且组织认同感对敬业度也有积极影响。根据个人-组织契合理论，员工与组织之间的契合度被视为影响员工态度与行为的重要因素。当员工感知与组织存在较高的契合度时，会逐步建立起对组织的认同，呈现出积极乐观、精力充沛、高度投入等敬业特征。此外，基于组织冲突理论可知，组织内的冲突可能会对员工的认知、情绪等产生不良影响，使员工在组织认同方面处于消极状态，造成挫折感、工作积极性下降等问题。因此，上下级代际冲突可能会影响新生代员工和老一辈上级的关系，引发新生代员工的消极情绪，削弱其组织认同感和敬业度。

第二节 新生代员工的创造力

一、创造力的定义

学界一般认为，对于创造力的研究是从1869年高尔顿的《遗传的天才》一书的问世开始，而实质性开展系统研究则始于20世纪50年代，其标志是美国著名心理学家吉尔福德（Guilford，1950）就任美国心理学会会长时的就职演说词《论创造力》。由于创造力的内涵广泛，涉及知识、智力、能力及个性品质等复杂的多重因素，因此学者们对创造力的定义并没有一个普遍而一致的认识。

有学者认为创造力是问题解决的心理历程，是产生新思想，发现和创造新事物的能力；有的学者认为创造力是创造出新颖、实用、持久或令人满意而且真正超越现状的产品；还有学者认为创造力是一种人格特质等。纵观学者们对于创造力的不同定义，其观点大致可以分为三个方面：关注创造力过程、关注创造者本身、关注创造力产品，即过程定义、人格定义和产品定义，当然有些学者的研究是单一的，专注于某一方面，有些的学者则包含了多个方面多个角度。

（一）关注创造过程的定义

关注创造力过程的学派认为创造力是超越原有的经验，突破习惯限制，形成崭新观念的心理历程，是能够思考出新事物、产生新颖产品或者解决问题的一种超常能力，而这种新事物或者问题能够同时被认为具有重要意义。

（二）关注创造力特质的定义

关注创造力特质的学派更将人作为研究创造力的突破口以定义创造力，他们普遍认为人的知识基础、认知技能、人格因素、智力品质在创造的过程中发挥了重要的作用，认为创造力是人类特有的，利用一定条件产生新颖、独特、可行、适用的产品的心理素质。还有学者总结了创造力强的人物所具有的十项人格特质：能容忍不确定性、突破规范、突破功能限制、无性别刻板印象、弹性、毅力强、延期报偿、喜好复杂工作、冒险和具有勇气。

(三)关注创造力结果的定义

以结果导向研究创造力的学派认为创造力是一个贵在最终的结果,能够产生新颖的创新性事物或者产品,是能创造出为集体所满意、接受的新颖、持久或实用的创新产品,同时这个产品能够满足稀有性与现实性两个特征。

总而言之,学者们对于创造力的研究因站的角度不同,定义的内容也有所不同。相比较来说,学者们对于创造力是一种过程以及关注创造者本身的研究更多,但是对于后来的研究者来说,采用何种定义作为研究基础,可以根据研究对象的不同选择相应的研究角度。

二、创造力研究的必要性

进入 2015 年,我国经济社会发展逐渐步入"新常态"格局,既要面临新的困难与挑战,又会迎来新的机遇与发展。中国人民大学宏观经济分析与预测课题组(2015)的研究报告指出,我国经济将步入"攻坚期",改革、工业化、全球化和人口等传统红利难以维持我国潜在 GDP 的持续增速,2008—2010 年我国政府出台的多项经济刺激政策也对我国宏观经济造成债务危机、流动性泛滥等短期内无法解决的问题,经济结构逐步呈现出大规模调整的态势。因此,如何应对并引领"新常态"成为我们要不断反思的重要问题。

著名经济学者厉以宁在全国政协十二届三次会议上曾指出,传统要素、投资难以驱动我国经济持续增长,只有实现增长动力转换,以"人民的创造力"作为经济增长的动力才能适应并引领"新常态"。2008 年"金融海啸"后,我国经济正在从数量上的高速扩张转型为质量上的中高速提升,经济增长主要依赖于全要素生产率(技术进步率)的提升以及高效部门对全要素生产率提升的主导作用。根据中华人民共和国国家统计局于2019年2月发布的统计公报,2014—2018年,我国全年的研究与试验发展(R&D)经费支出逐年增加(图2-1),高水平并逐年提升的R&D投入表明,我国已日益把创造力作为驱动发展的核心动力。

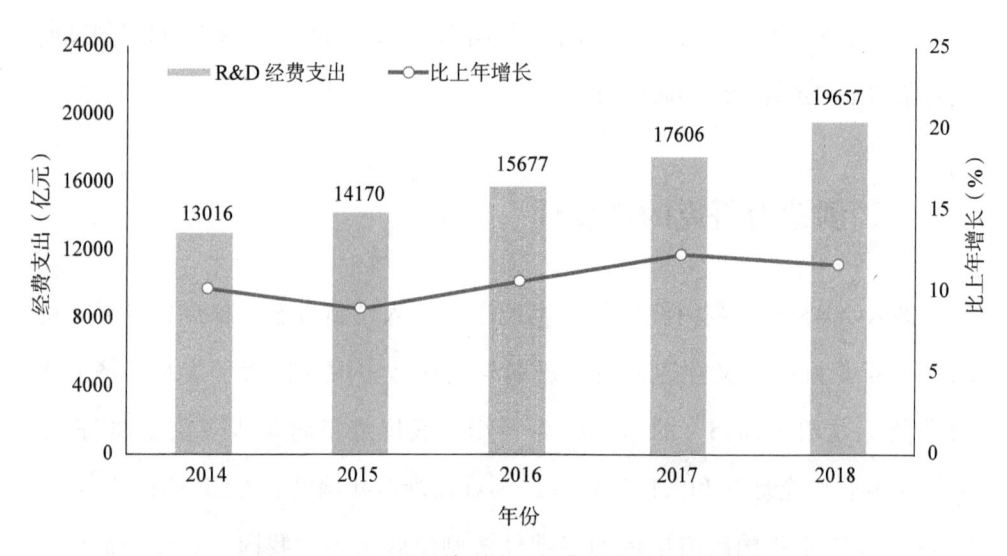

图2-1 2014—2018年R&D经费支出及其增长速度

资料来源:中华人民共和国国家统计局. http://www.stats.gov.cn/tjsj/zxfb/201902/t20190228_1651265.html

在经济结构转变、高新技术追赶、人口红利弱化击破原先竞争壁垒的"新常态"背景下,中国企业必须重新思考人力资本与创造力的价值所在。伴随"工业4.0"和"创新2.0"的崛起,以人为本的管理模式逐步成为时代的主旋律,人力资本由货币资本的价值附属物逐步转换为与货币资本共同决定企业价值创造的关键因素。因此，中国企业必须关注如何通过提升员工创造力来实现员工的个体价值增值，进而提升人力资本在企业价值创造中的效能与作用。

R&D 经费支出与 GDP 百分比的国际比较及 GERD 与 GDP 百分比的国际比较见图 2-2；R&D 人员总量及密集度的国际比较见图 2-3。

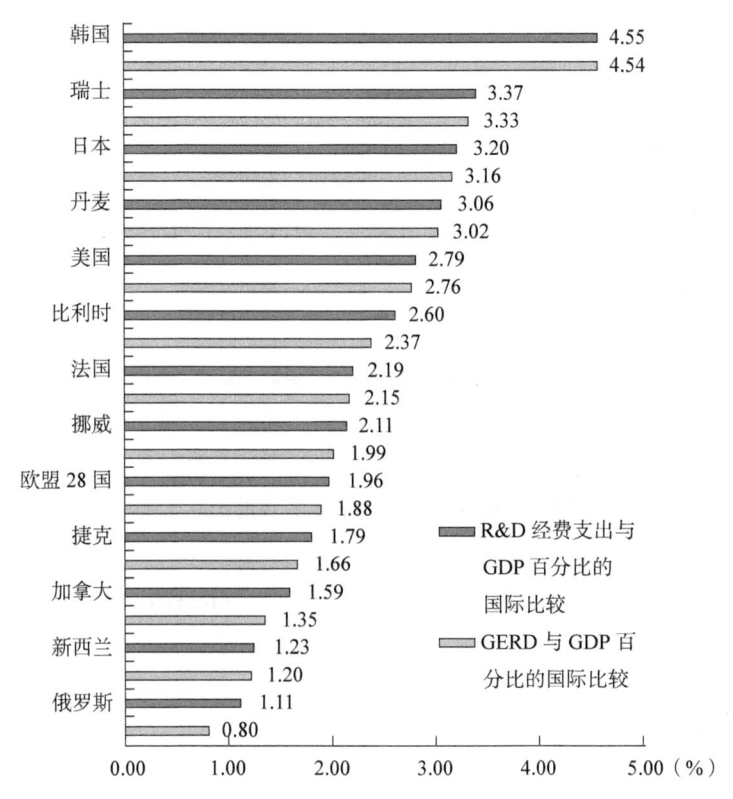

国家	R&D 经费支出与 GDP 百分比	GERD 与 GDP 百分比
韩国	4.55	4.54
瑞士	3.37	3.33
日本	3.20	3.16
丹麦	3.06	3.02
美国	2.79	2.76
比利时	2.60	2.37
法国	2.19	2.15
挪威	2.11	1.99
欧盟28国	1.96	1.88
捷克	1.79	1.66
加拿大	1.59	1.35
新西兰	1.23	1.20
俄罗斯	1.11	0.80

图 2-2　R&D 经费支出与 GDP 百分比的国际比较及 GERD 与 GDP 百分比的国际比较

注：瑞士、澳大利亚、新西兰、南非为 2015 年数据。

资料来源：中华人民共和国科学技术部. 2019 年中国科技统计数据 [EB/OL].（2019-04-08）[2019-08-02]. http://www.most.gov.cn/mostinfo/xinxifenlei/kjtjyfzbg/kjtjbg/kjtj2019/201904/P020190408510933753203.pdf.

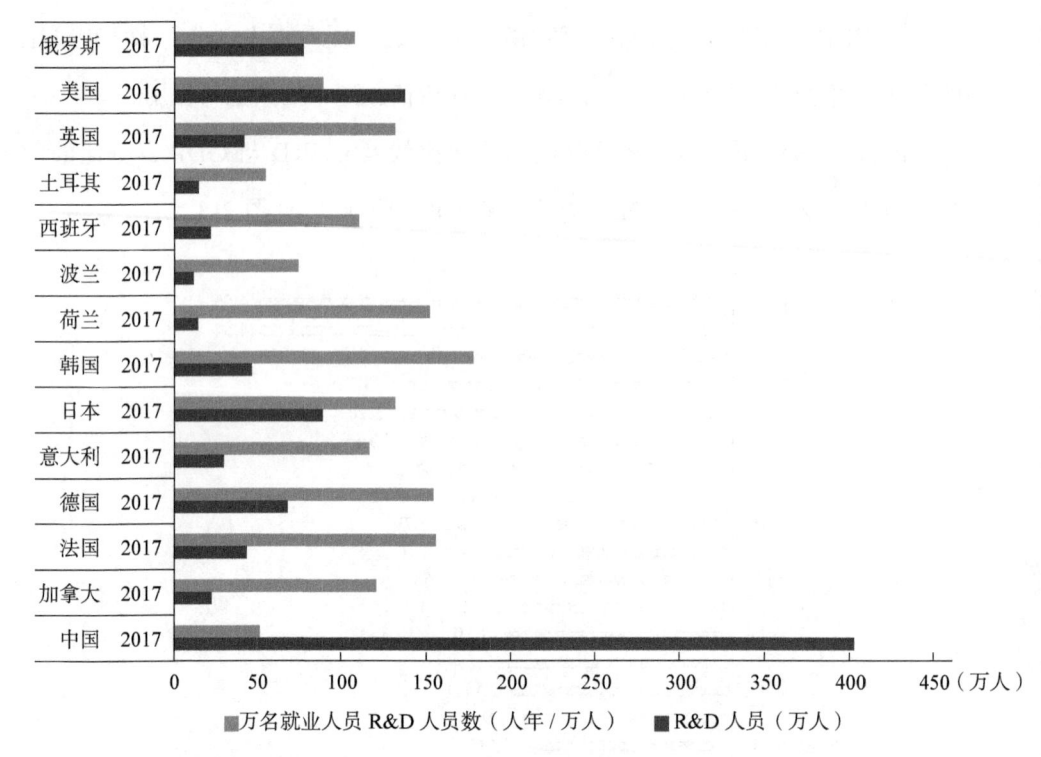

图 2-3 R&D 人员总量及密集度的国际比较

资料来源：中华人民共和国科学技术部 . 2019 年中国科技统计数据 [EB/OL].（2019-04-08）[2019-08-02].
http://www.most.gov.cn/mostinfo/xinxifenlei/kjtjyfzbg/kjtjbg/kjtj2019/201904/P020190408510933753203.pdf.

三、创造力的测量

创造力是一个主观的概念，但可以通过客观标准将其实体化，在此情境下需要测量者持有科学、严谨、客观的工作态度，并依照三方面的原则展开测量：一是依据创造力的研究角度选择测量方法，二是测量者需要借助多种方法来挑选具有创造力的人作为测量对象，三是测量工具要包括年龄适用性和专业适用性。

从测试测量的方法来说，目前测量创造力的方法主要有四种，分别是主观评定法、创造力测验法、产品分析法和创造力实验法。

从测试测量的对象来说，创造力的测量又分为员工自测和他人评测两种方法。员工自测是员工根据自己工作实际情况在测试量表中进行勾选。他人评测是指选择员工所在单位的直属领导，就员工在工作过程中的创造力进行评测。采用员工自测的方法主要有以下几方面的考虑：一是员工对自己的情况和想法更加了解；二是创造力的测量要求测量者科学、严谨、客观，他人测评容易受到个人主观偏见的影响，使测量结果产生偏差；三是他人测评一般指直属领导测评，直属领导更多的关注员工工作的结果，对于工作过程的关注度可能不够全面，因此会错失掌握体现员工创造性工作的机会。

四、员工创造力的影响因素

近年来，对企业员工创造力的研究不断涌现，其中早期国外学者对员工创造力的影响因素研究众多，并取得了丰硕的成果。纵观现有文献可以发现，个体特征因素与外部情景因素是影响员工个体创造力的两大主要因素，如今这在学术界已达成基本共识。

（一）个体特征因素

个体特征因素主要包括个性、动机、知识技能等。早期调查个性对创造力影响的研究中使用较多的是高夫（Gough，1979）编制的创造性人格量表（creativity personality scale，CPS），并且许多研究结果表明 CPS 得分与个体创造力呈显著正相关。动机是引导个体行为的驱动力量或刺激因素，是创造力结构中的主要组成部分。有研究以科技人员为研究对象，对创造动机与创造力之间的关系进行研究，验证了内部动机对创造力的正向影响作用。现有研究中关注得更多的是特定情境因素作用于个体内部动机进而对创造力产生影响，说明外在环境因素在很大程度上决定了个体动机取向，促进个体创造力的关键在于改善其所处的环境以促使其内在动机形成。我们不可能对一无所知的事物产生新异观念，一个人只有积累了大量的知识才会有所创造。已有研究发现：个体的发现问题能力、问题构建和组合能力、观点的评价能力等知识技能对其创造力表现具有重要影响。

（二）外部情景因素

个人特征因素是员工创造力的内在动力，外部情景因素作为诱发因素或调节因素对员工创造力的产生和大小具有不容忽视的作用。外部情景因素主要包括领导风格、工作伙伴支持、任务特征等。有关领导行为风格影响员工创造力的研究出现较早，当管理者倾听员工想法，并主动向员工询问相关决策意见时，员工的创造力就会相对变高。在领导风格与员工创造力的关系中，领导与下属的关系好坏在一定程度上决定了下属的创造力表现，成为这两者间的调节因素。同时，来自管理者的控制行为与员工创造力呈负相关关系。工作伙伴的支持和非控制行为能够增进员工的内在动机与创造力。当一个个体处于同事间相互支持、相互鼓励的工作环境中，其往往更富创造力，不少实证研究也证实了这一点。对于任务特征与员工创造力的关系，有研究发现任务设计的方式会影响员工的内部动机而进一步影响其创造性产出。通常较简单或者常规的工作往往并不鼓励员工尝试新方法，这减少了他们在工作中发挥创造力的可能性。

第三节　新生代员工的工作参与特征

本书已经在前两节分别讨论了新生代员工的个性特征和创造力，显而易见，新生代员工群体在生活中是一个兼具创造力与破坏力的矛盾共同体。在职场生活中，新生代群体是否会将群体特征带入工作中呢？带着这个问题，本节将在前两节的基础上，继续探讨新生代员工的工作参与特征。内容上主要根据谢玉华等（2016）在《企业经济》中的《新生代员工企业民主参与及其对员工满意度的影响——与传统员工的比较》一文进行编排。

一、新生代员工的工作参与度

（一）民主参与的概念及测量方式

随着中国经济体制改革不断深入，传统的民主参与融入了许多新的内容形式。在现代企业管理制度下，民主管理的内涵是参与，职工对企业的控制既表现为对产品生产的控制，也表现为对企业决策的监督制约和参与。中国企业特征的企业民主参与主要有12种形式，本书所调查的企业大多既有中国传统的职工民主参与形式，也有跨国公司员工参与形式，适合运用这12种参与形式来研究。笔者在前期访谈中发现职工董事监事基本由工会干部担任，职工对职工董事监事制度知晓度低，而本次考察企业民主参与与满意度的相关性，将此项员工知晓较少的形式在正式问卷中删除，形成11项员工参与形式——向上司反映困难建议、向人力资源部咨询投诉、通过意见箱或BBS提出意见、厂务公开、自主工作团队、合理化建议、工资集体协商、职代会和工会、基层民意调查、民主评议管理者、民主生活会，并对每种形式进行提问以了解其现状。已有研究对企业民主参与维度的划分没有明确界定，这次调查借鉴员工参与的四维度结构，根据参与程度不同，将企业民主参与分为四个层次：民意表达、参与监督、参与管理和参与决策。

（二）数据来源

调查的数据资料来源于2011年8月—2012年6月期间谢玉华等在广东、湖南、湖北3省9家企业所做的"企业民主参与满意度"调查。这9家企业中，1家为民营企业，3家为国有企业，5家为中外合资企业：1家中日合资企业、1家中意合资企业、1家中英合资企业、1家中德合资企业、1家中韩合资企业。合资企业中中方基本都是国有股份。合资企业的所属行业：1家为金融保险业企业，8家为制造业企业。这9家企业都是管理较规范的大公司，基本上按照国家法律建立了企业民主参与制度。为了保证数据的真实可靠，调查综合采用问卷法、厂外调查、深度访谈等方法。调查问卷均采用李克特5分量表来度量员工的企业民主参与行为和员工满意度。厂外调查是在企业门口及宿舍区随机拦截工人进行调查，逐一向调查者解释题目，再由被调查者填写。深度访谈是针对某些企业的管理层、人力资源部或工会组织、部分员工进行访谈，从更深层次了解企业民主参与运作状况。

调研通过分层次、分批开展，共发放问卷 1300 份，回收 1189 份，问卷的总回收率为 91.5%，有效问卷 1117 份。根据学术界的通常做法，本调查以出生年份 1980 年作为区分两代员工的时间分割点，定义出生于 1980 年及以后的员工为新生代员工，出生于 1980 年前的员工为传统员工，则新生代员工 711 份，占 63.7%；传统员工 406 份，占 36.3%。被调查者中普通员工占 74.8%，基层管理者占 20.2%，中高层管理者占 5%。

（三）新生代员工民主参与特征

1. 民意表达

民意表达是最基本层次的民主参与，是基于员工个体行为的意见表达，包括向上司反映问题困难、向人力资源部咨询投诉、意见箱或 BBS 等员工意见表达系统。调查显示，企业内部基本建立了民意表达渠道，然而系统利用率不高。被调查者中 31.9% "从来"没有或"很少"向上司反映问题困难，13.2% "从来没有"或"很少"向人力资源部咨询投诉，26.3% "从来没有"或"很少"通过意见箱或 BBS 传达意见。访谈时，多数员工表示，人力资源部有专门的工作人员负责处理各种人事问题，信息反馈快，所以，员工遇到问题或有建议意见时倾向于寻求人力资源部。如果问题简单，较易处理，他们就更愿意与直接上司沟通。至于意见箱或 BBS，他们认为缺乏专人负责，这种形式过多地流于形式，用途不大。新生代员工自我意识强，注重追求个人兴趣目标，维护自我权利，淡化权威和权利，通过各种渠道表达个人意见。在向上司、意见箱或 BBS、人力资源部反映问题三种渠道上，新生代员工的参与度都高于"一般"水平（均值分别为3.07、3.53、3.29），分别有30.0%、53.2%、44.2%的被调查者表示"经常"或"总是"参与这三种形式。独立样本T检验发现（表2–1）：新生代员工和传统员工在民意表达上存在显著性差异。向上司反映问题、向人力资源部咨询、通过意见箱提意见三种形式，新生代员工的参与度都显著高于传统员工。进一步分析发现，"80后"（均值=3.33）、"90后"（均值=3.20）员工在民意表达上的参与度均显著高于"60后"（均值=2.74）、"70后"员工（均值=2.99）。这都充分体现了新生代员工民主意识强，更会利用基本的民意表达渠道。

表2–1 新生代员工与传统员工民意表达独立样本T检验结果

变量	均值			双侧检验值	差异是否显著
	总体	新生代员工	传统员工	显著性水平 P 为 0.05	大于P为接受原假设，无差异
向上司反应问题机会	2.94	3.07	2.72	0.000	有差异
向人力资源部咨询	3.42	3.53	3.21	0.000	有差异
意见箱或BBS	3.14	3.29	2.87	0.000	有差异
民意表达总体	3.17	3.30	2.94	0.000	有差异

2. 参与监督

参与监督是较高层次的参与形式，是指职工通过表达意见参与对企业管理和管理者的监督，是组织行为和员工个体行为的结合，包括基层民意调查、民主评议管理者、民主生活会或征询意见会、厂务公开等。调查显示，除厂务公开（均值=2.95）外，基层民意调查、民主评议管理者和民主生活会的参与水平都较低（均值分别为 2.44、2.15、2.05），分别有 61.4%、74.1%、78.2% 的被调查者"从来没有"或"很少"参与基层民意调查、民主评议和民主生活会。

新生代员工的求知欲较高，善于通过各种渠道关注企业信息，了解企业的经营状况、重大决策等，因此，新生代员工在厂务公开上的参与度较高（均值 =3.05）。然而，新生代员工在民主评议（均值 =2.00）、民主生活会（均值 =1.94）上的参与度都处于"很低"水平。独立样本 T 检验发现（表 2–2）：新生代员工和传统员工在参与监督总体和基层民意调查上差异较小，而传统员工在民主评议管理者和民主生活会的参与中都显著多于新生代员工，在厂务公开的参与中显著少于新生代员工。深入分析发现，"70 后"（均值 =2.54）、"80 后"（均值 =2.41）员工在监督上的参与度均显著高于"90 后"员工（均值 =2.17）。为何新生代员工在民主生活会和民主评议两项的参与上低于传统员工呢？其一，民主生活会与民主评议均为传统民主参与方式，在新企业中很少见。选择"经常"或"总是"参与民主评议的被调查者中有 61.4% 来自传统国有企业，选择"经常"或"总是"参与民主生活会的被调查者中有 64.8% 来自传统国有企业。而国有企业中，传统员工占 59.4%，新生代员工仅占 40.6%。其二，即使在同一家企业，新生代员工资历较浅，参与民主生活会和民主评议的机会也较少。在 A 国企的 158 名被调查者中，新生代员工 54 名，占 34.2%。新生代员工民主生活会和民主评议的参与度略低于传统员工。独立样本 T 检验发现，在 A 国企中，新生代员工和传统员工在民主评议和民主生活会上的参与度无显著差别（表 2–3）。

表 2–2　新生代员工与传统员工参与监督独立样本 T 检验结果

变量	均值 总体	均值 新生代员工	均值 传统员工	双侧检验值 显著性水平 P 为 0.05	差异是否显著 大于 P 为接受原假设，无差异
基层民意调查	2.44	2.45	2.43	0.743	无差异
民主评议管理者	2.15	2.00	2.42	0.000	有差异
民主生活会	2.05	1.94	2.24	0.000	有差异
厂务公开	2.95	3.05	2.77	0.000	有差异
参与监督总体	2.39	2.35	2.44	0.007	无差异

表 2–3　A 国企民主评议、民主生活会独立样本 T 检验结果

变量	均值 总体	均值 新生代员工	均值 传统员工	双侧检验值 显著性水平 P 为 0.05	差异是否显著 大于 P 为接受原假设，无差异
民主评议管理者	2.67	2.48	2.77	0.136	无差异
民主生活会	2.31	2.28	2.32	0.823	无差异

3. 参与管理

参与管理是指职工切实参与到具体的企业管理活动中，相比间接的民意表达和参与监督更直接、更深入，包括自主工作团队、合理化建议。自主工作团队起源于丰田模式，在中国多见于制造业企业。调查显示，自主工作团队形式参与水平总体较低，均值仅为 2.42，低于"一般"水平，仅有 26.0% 的被调查者"经常"或"总是"通过自主工作团队参与管理。关于合理化建议，部分大企业明确规定员工每个月应该提的条数，并对采取的建议进行奖励。因此，员工在合理化建议上的参与水平较高（均值 =3.37），仅有 13.4% 的被调查者表示

"从来没有"或"很少"提合理化建议。若合理化建议被采纳，59.2%的被调查者认为对自己的绩效"几乎没有"影响或影响"很小"。

新生代员工参与意识强，在团队中倾向于积极表现，贡献自己的思想和建议。在新生代员工中，有28.3%的员工"经常"或"总是"参加自主工作团队，40.8%的员工"经常"或"总是"提出合理化建议。独立样本 T 检验发现（表2–4）：新生代员工和传统员工在参与管理上存在显著性差异，新生代员工在自主工作团队、合理化建议上的参与度都显著高于传统员工。进一步分析发现，在参与管理上，"70后"（均值 = 2.85）、"80后"（均值 =3.03）、"90后"（均值 =2.92）员工的参与度均显著高于"60后"（均值 =2.64）员工，"80后"员工的参与度显著高于"70后"员工。

表2–4 新生代员工与传统员工参与管理独立样本 T 检验结果

变量	均值 总体	均值 新生代员工	均值 传统员工	双侧检验值 显著性水平 P 为 0.05	差异是否显著 大于 P 为接受原假设，无差异
自主工作团队	2.42	2.50	2.27	0.004	有差异
合理化建议	3.37	3.46	3.25	0.000	有差异
参与管理总体	2.91	3.01	2.76	0.000	有差异

4. 参与决策

参与决策是参与管理的最高形式，是指员工参与企业的决策和重大管理活动、分享企业利润，包括职代会和工会、工资集体协商。本次调查的企业都建立了职代会、工会、工资集体协商等机制，但职工在其中的参与并不多。调查显示，44.9%的被调查者表示"从来没有"参加过工会和职代会；参加过工会和职代会的员工中，仅有33%认为职代会和工会能够"基本"或"完全"代表员工的利益。被调查者中有80.7%的员工"没有听过"或"仅听身边的人说过"工资集体协商，只有5.4%的员工签订了工资集体协议。从表2-5可以看出，员工在职代会和工会（均值=1.77）以及集体协商活动（均值=1.73）上的参与水平都很低。

新生代员工在职代会和工会活动（均值=1.77）、工资集体协商（均值=1.84）上的参与水平也较低，48.3%表示"从来没有"参加过工会和职代会，77.3%"没有听过"或"仅听身边的人说过"工资集体协商，6.9%签订了工资集体协议。独立样本T检验发现（表2-5）：新生代员工和传统员工在参与决策上存在显著性差异；新生代员工在工资集体协商上的参与度略高于传统员工，而在职代会和工会活动上的参与度与传统员工无差异。深入分析发现，"80后"（均值=1.81）、"90后"（均值=1.77）员工在决策方面的参与度显著高于"60后"员工（均值=1.51）。而所有员工在参与决策方面都处于较低水平，说明企业在决策层面的民主参与意识都比较薄弱。

表2-5 新生代员工与传统员工参与决策独立样本T检验结果

变量	均值			双侧检验值	差异是否显著
	总体	新生代员工	传统员工	显著性水平 P 为 0.05	大于 P 为接受原假设，无差异
职代会和工会活动	1.77	1.77	1.77	0.988	无差异
工资集体协商	1.73	1.84	1.53	0.000	有差异
参与决策总体	1.75	1.80	1.65	0.002	有差异

（四）新生代员工的企业民主参与员工满意度的关系

民主管理是基层民主政治建设的核心，加强企业民主参与制度建设，可以有效保证企业决策的正确性，提高企业的管理水平，促进企业的发展。企业民主管理的核心是企业通过提供各种制度化、常规化的员工渠道，使劳资双方进行相互的利益表达、沟通和协调，从而提升员工满意度，加强企业内在组织团结，同时也通过实证调查证明了员工参与对员工满意度的解释力度非常大，为企业民主管理的合理性和正当性提供了实证基础。虽然不同参与情境下的影响路径不同，但员工实际参与程度都正向影响工作满意度。员工在组织决策过程中参与度越高，工作满意度就越高。员工满意度是指员工对工作情况或工作经历的一种感觉或态度。根据阿莫德和菲德曼提出的工作满意度包括工作本身、上司、经济报酬、升迁、工作环境和工作团体的结构因素，将工作满意度分为工作条件（工作本身），工作收入，工作前景，工作氛围（包括上司、工作环境和工作团体）四个维度。访谈发现，企业加班现象严重，且被访谈者对工作时间表现了普遍的关注，于是笔者将"工作时间"从"工作条件"中独立出来作为一个维度，从工作条件、工作收入、工作时间、工作前景、工作氛围五个方面来测量满意度。

新生代员工企业民主参与与员工满意度的相关分析结果见表2-6。新生代员工企业民主参与现状总体与员工满意度呈显著正相关关系，民意表达、参与监督、参与管理、参与决策互相呈显著正相关关系，也都与员工满意度显著正相关。研究结果证实了吴建平等的观点。

表2-6 新生代员工企业民主参与与员工满意度的相关分析

变量	参与现状	民意表达	参与监督	参与管理	参与决策	满意度
企业民主参与现状	1					
民意表达	0.707**	1				
参与监督	0.861**	0.449**	1			
参与管理	0.568**	0.246**	0.358**	1		
参与决策	0.664**	0.226**	0.415**	0.268**	1	
满意度	0.476**	0.475**	0.380**	0.242**	0.274**	1

*$P<0.05$；**$P<0.01$；***$P<0.001$。

（五）新生代员工与传统员工的差异

新生代员工的民主参与对满意度的影响与传统员工有何差异呢？经过相关分析的探索，我们进行了回归分析，选取员工性别、职位、企业性质作为控制变量，分别对新生代员工和传统员工作民意表达、参与监督、参与管理、参与决策、企业民主参与现状与员工满意度作了回归分析，结果见表2-7。从第1组的回归系数看，对新生代员工而言，民意表达对员工满意度呈现出强的正向影响；对传统员工而言，民意表达对员工满意度的正向影响较弱。从第2、3、4组的回归系数看，对新生代员工而言，参与监督、参与管理、参与决策对员工满意度均呈现出强的正向影响；对传统员工而言，参与监督、参与管理、参与决策对员工满意度的正向影响均较弱。第5组是企业民主参与现状对员工满意度的影响，新生代员工的企业民主参与每增多1个单位，可以提升0.741个单位的满意度；传统员工的企业民主参与每增多1个单位，可以提升0.584个单位的满意度。对新生代员工而言，企业民主参与对员工满意度的正向影响较强。

表 2–7　企业民主参与与员工满意度的回归分析

变量	1组 新生代员工	1组 传统员工	2组 新生代员工	2组 传统员工	3组 新生代员工	3组 传统员工	4组 新生代员工	4组 传统员工	5组 新生代员工	5组 传统员工
民意表达	0.579	0.469								
参与监督			0.444	0.335						
参与管理					0.367	0.242				
参与决策							0.382	0.198		
企业民主参与现状									0.714	0.584

二、新生代员工的嵌入

（一）工作嵌入的概念

"嵌入性"（embeddedness）一词最早来源于经济学史学家卡尔·波兰尼（Karl Polanyi）的著作 *The Great Transformation*。他提出这一概念想要说明，人类的经济关系和社会关系是相互重叠的，某种经济关系可能镶嵌在其他社会关系中。

后来，格兰诺维特（Granovetter）在"嵌入性"这一概念原有含义的基础上做了深入拓展研究，他认为嵌入性实质上是社会结构影响个体行为的一种方式，并进一步将这一概念从内容上细分为结构嵌入与关系嵌入两类。结构嵌入形成于个体与社会之间的交易过程，关系嵌入主要来源于各种人际网络关系。格兰诺维特对嵌入性的研究更注重人际互动在社会经济活动中的作用，并经过分析研究提出"社会嵌入"这一概念，也就是说人们的经济活动是存在于社会结构中而非孤立地发生，社会结构的基础是社会网络。

嵌入性理论的提出不仅为人类在经济领域的行为提供了一种新的解释，同时作为一种分析问题的视角和方法，嵌入性理论还为其他领域的研究提供了一种新的思路。更多学者以此为视角，探讨嵌入性在社会学、组织行为学方面的适用性。

（二）工作嵌入的定义

米切尔等（Mitchell et al., 2001）最初讲到工作嵌入概念时，将其描述为"工作嵌入"就像一张网，使人"陷入"其中。这张网由个体所在的工作环境、生活于其中的社区以及日常有关联的朋友同事等各种联系组成，当他们作一些决策时可能在某种意义上会潜移默化地受到这些因素及关联的影响。嵌入性越高的个体在这张网中越会有更多密集交错的关系，而这些关系构成的组合呈现多样性，个体通过各种形式陷入其生活的社区、组织和社会网络关系中。工作嵌入的概念概括了使员工选择留在现有岗位的组织内因素和组织外的社区因素，组织内外的因素综合作用形成了员工对当前工作的依附。员工即便感到工作不满意或者感知到可选择的工作机会，依然会选择继续供职于当前组织而非消极离职。

姚等（Yao et al., 2003）学者在研究中将工作嵌入定义为"使得个体留在当前工作的综合因素"，这些因素包括社区投入、婚姻状况和工作期望等。从整合的角度思考，姚认为工作嵌入是一个由各种因素影响的综合性变量，其包括的因素主要有：员工与社区和组织活动的关联程度，员工供职于其中的组织和生活预期中的社区与他们的个人生活空间的匹配程度，员工选择离开组织可能会的付出的代价或者相关的牺牲。

霍尔特姆（Holtom，2004）根据工作嵌入概念提出的背景来定义工作嵌入，将其定义为阻止员工离开组织的各种力量和影响因素的总和。也有学者从影响个体与组织内外部因素出发，认为工作嵌入是内外部各种关系和联结的网络。

（三）一个本土化的工作嵌入模型

米切尔等（Mitchell et al.，2001）提出的工作嵌入理论是从组织和社区两个方面的三种依附关系（联系、匹配和牺牲）来界定员工离职的约束力量。然而在我国，社区这一维度目前对新生代的离职影响有限，因而本研究建立了本土化的工作嵌入模型。

图 2-4 由工作嵌入的组织方面的匹配（A）、牺牲（S）、联系（C）三个维度构成，每个维度均以 -1、0、1 三个度量来进行刻画。其中 $A=1$ 表示完全匹配，$A=-1$ 表示完全不匹配，$A=0$ 表示匹配与否的临界点，A 的取值范围在 $[-1, 1]$ 之间，且取值越大匹配程度越高，离职的动力就越小，反之则离职动力就越大。$S=1$ 表示牺牲很大，$S=-1$ 表示获益很大，$S=0$ 表示既没有牺牲也没有获益。S 的取值范围在 $[-1, 1]$ 之间，S 取值越大牺牲就越大，牺牲越大离职的动力就越小，反之受益越大，离职动力就越大。$C=1$ 表示联系密切，$C=-1$ 表示联系疏远，$C=0$ 表示联系密切与否的节点，C 的取值范围在 $[-1, 1]$ 之间，C 的取值越大联系越密切，离职的动力就越小，反之动力就越大。据此，本研究引入函数 $P=f(A, S, C)$ 来阐述离职的动力。P 是自变量 A、S、C 在对应法则 f 下的函数，各个自变量的取值均在 $[-1, 1]$ 之间，$P \geqslant 0$，且有界。P 的取值越小说明离职的动力就越小；反之离职的动力就越大，当 P 达到某个值

（设为 M_2）时，员工就会做出离职的决定并付诸行动。M_2 是每个个体承受离职动力驱动的极限值，$M_2 \leqslant P_{max} = f(A=-1, S=-1, C=-1)$。纵观员工的整个职业生涯，不难得到 P 的图像是具有周期性的特点（图 2-5）。

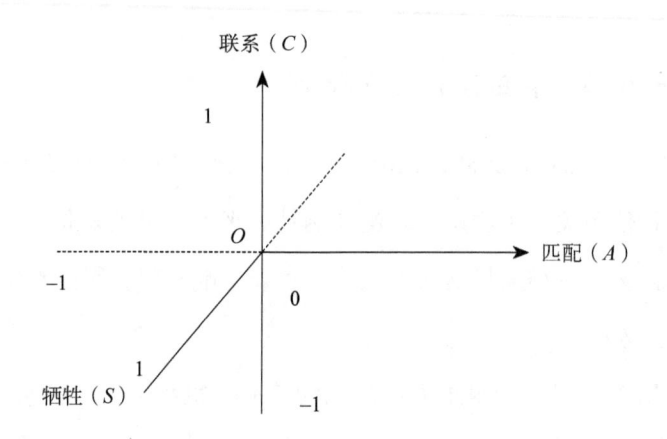

图 2-4　本土化的工作嵌入模型

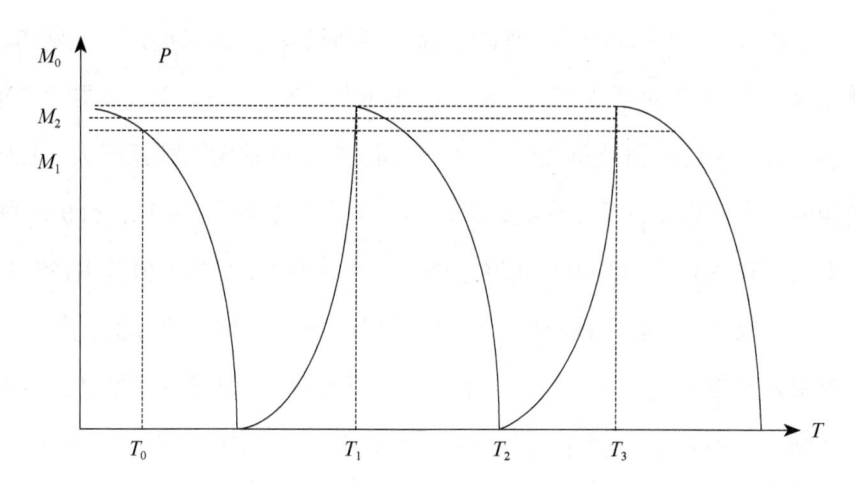

图 2-5　工作嵌入模型中的员工个体职业生涯发展离职动力函数 P 的图像

图2-5中体现了离职动力函数 P 在自变量 A、S、C 的影响下，在员工的不同职业生涯发展阶段的图像。其中横轴 T 代表员工的职业生涯发展阶段；纵轴 P 代表函数的取值。从图像中易知，当员工刚进入工作场所时他会以一个较高的值 $P = M_1$ 进入某个企业，$T = T_0$，由于此时员工随时都有可能离职，因此可以近似地认为 $M_1 = M_2 \leqslant M_0 = P_{\text{Max}} = f(A = -1, S = -1, C = -1)$。因为此时员工与企业的匹配处于起步磨合阶段，与企业的联系较弱，离职的牺牲较小，所以离职动力较大。然而，随着员工任职时间的加长，P 的取值逐步下降，趋向于 0。当 P 的取值等于零时，员工的稳定性最好。在工作不断深入的过程中，伴随着组织中 A、S、C 的变化，P 的取值又会上升，当 $P = M_2$ 时，员工采取离职行动，此时 $T = T_1$，这时员工会进入下一个新的企业。也就是说，员工在 $[T_0, T_1]$ 时任职于老企业；在 $(T_1, T_3]$ 时进入新的企业；$T = T_2$ 时 $P = 0$，此时员工的稳定性最好，离职动力最低。员工其他的职业生涯阶段以此类推。值得注意的是：一方面 P 值在降低的过程中可能会出现上升的趋势，另一方面 P 值在上升的过程中也可能出现下降的趋势。

（四）本土化工作嵌入模型中的新生代员工离职因素

1. 匹配

（1）职场形态

我国组织的结构几乎都是金字塔形的。员工处于最底层，上面的各层级负责人管理员工。员工仅仅是在公司工作，易缺乏归属感。加上很多管理者忽视员工的建议，更是不能容忍越级汇报的情况发生。这种企业文化的形成有着深厚的社会文化原因。根据费孝通提出来的差序格局的理念，中国是一个有着森严等级的差序社会。在这样的社会中，人与人之间很难真正的平等。森严的等级使员工要正视自己的身份，明白自己的地位，清楚自己所处的组织层级。另外，中国式的领导者希望自己时刻看起来都要比下属出色或水平高，这种出色的源泉之一就是信息。他们难以舍弃自己对信息的拥有权，往往只将不完整的信息传递给下属，以显得自己水平高。然而，新生代员工崇尚自由与平等，他们喜欢平等和公正的企业文化。中国式企业森严的等级文化导致新生代员工与组织的匹配度偏低。同时，富有想象力和创造力的新生代，对信息的渴望是极高的，管理者对信息的过滤也同样造成了他们的不满。

（2）企业制度环境与员工环境抗争行为

企业制度是个系统化的概念，是有关企业正常运营的方方面面文件的集合，它不仅包含了行政管理制度，而且还包含了人力资源管理制度。新生代员工个体意识比较强，当出现制度环境与自身不匹配时，他们更加倾向于进行抗争，这种抗争得不到有效的协调就会导致员工的离职行为。总之，在职场形态和企业制度环境抗争等因素的影响下 A 的取值逐步偏向于 -1，在其他条件不变的情况下，A 越小，P 的取值就越大，即离职动力越大。

2. 牺牲

（1）离职创业的动机

由于家庭对新生代员工寄予了厚望，他们普遍具有成就需要的特征。他们工作的目的不再是为了生计，而是为了自己的成就和事业。他们不用担心自己的经济条件，因为身后有着父母的支持。正是因为他们离职创业面临的牺牲相对较小，所以他们在感觉自己有这个能力的时候，大多就不愿意屈于人下，而是自己创业。

（2）对现实需要与现实价值的追求

热爱物质生活和追求功利的新生代员工喜欢与他人进行横向比较，这种攀比的特点更是加重了他们的功利性。如果当前的薪酬福利满足不了他们的需要，他们就会寻找新的机会。网络的跨越式发展更是提高了他们对于机会的识别能力，同时也大大缩减了他们跳槽的成本。离职创业的动机和对现实需要与现实价值的追求使新生代员工主动趋利避害，即 S 的取值渐小，在其他条件不变的情况下 P 的取值逐渐增大。

3. 联系

（1）员工与企业权力中心之间的联系

与权力中心之间的联系也就是与直属上级领导之间的联系，这决定了员工与领导之间的心理距离。我国现代企业中的差序格局的氛围依然比较浓厚，在差序格局中，管理者又是根据下属对自己的依附程度和才能的大小进行资源的分配。领导的得力"干将"在资源分配上享受着较大的优势，反之亦然。新生代员工刚进入社会不久，大多只是在一般的岗位上任职，他们往往既不是领导的亲信也不是得力"干将"，处于资源分配的边缘，稳定性偏低。

（2）员工与自己的联系

新生代员工个体客观因素对其离职决定的形成有着一定的影响。这些因素包括新生代员工的年龄、任期、婚姻状况等。新生代员工的年龄处于 23~30 岁之间，年轻的他们加之心理弹性差的特点，直接影响到他们的离职决定。因为，他们习惯于一帆风顺的生活，当面临困境时，他们倾向于逃避而不是迎难而上。在企业中的任期长短也影响到离职决定。一般而言，任职时间越长，他们在企业中的社会网络关系就越紧密，已经在组织的利益格局中有了自己的网络位置。此时，他们离职的倾向相对较低，反之则较高。然而新生代员工目前进入企业工作的年限普遍偏短，其稳定性偏低，因为他们处于资源分配的边缘地带。婚姻状况在一定程度影响着他们的离职决定。得到配偶支持的已婚员工，其离职倾向显著较低，同时已婚员工比未婚员工的稳定性偏高。因为，在社会的网络关系中，他们的离职会受到更多的阻力。

（3）员工与同事之间的联系

这是社会网络中很重要的一环，与同事之间形成密切的联系既是员工离职的阻力也是动力。员工在企业中会因为不同的利益格局形成自己的团体，团队领导核心的稳定性直接影响到团队成员的稳定性。

总之，工作嵌入理论是从三个维度来解释员工离职的动力，它们之间相互渗透，在新生代员工的离职决定中交互作用，它们的合力最终促使个体作出离职与否决定并采取相应的行动，即有 $P = f(A, S, C)$，且当 P 值达到 M_2 时员工采取离职行动（图 2-6）。

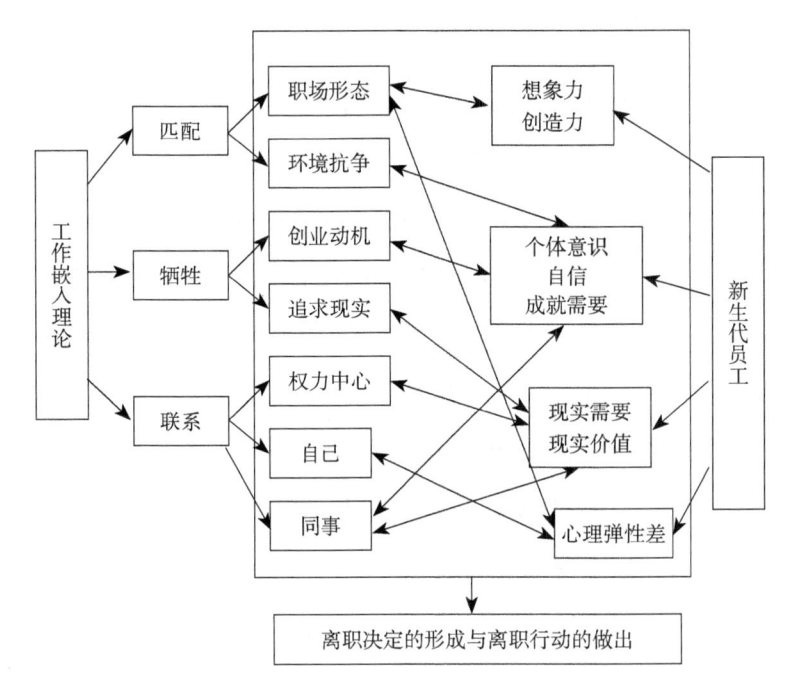

图 2-6　基于本土化的工作嵌入新生代员工离职模型

三、组织公民行为（OCB）

（一）组织公民行为的概念

20世纪80年代，美国印第安纳大学的奥根等（Organ et al., 1988）提出了"组织公民行为"的概念。组织公民行为是指组织成员自愿做出的行为，这些行为没有得到正式的报酬系统直接而明确的认可，但从整体上有助于提高组织的效能。如果一个员工既可靠地完成了角色本职工作，还做了一些对角色要求之外但对组织有益的事情，他们为组织所创造的价值超出了组织对他们的要求。

　　理解组织公民行为的概念应强调三方面含义：第一，"自愿的"，是指组织公民行为不是由个体的角色或工作描述所强制要求的，通常不做出这样的行为也不会受到惩罚。第二，没有得到组织中正式的报酬系统直接或明确的回报，奥根（1988）认为个体在工作职责范围内的任务上出色的表现不算作组织公民行为，例如销售员取得高的销售额，邮件投递员取得高的准确率和及时送达率，都不在组织公民行为的范畴内，因为这些行为能够得到正式的报酬系统直接明确的回报。尽管组织公民行为并非永远得不到回报，一个组织成员长期稳定地表现出某些组织公民行为会决定其留给上司或同事的印象，从而会影响加薪或晋升等报酬决策，但是这种回报并没有得到正式的合同、政策、程序等的保证，从本质上讲是一种具有可能性的、不确定的回报。第三，从总体上提升了组织的有效运作，是指在一个群体或组织当中，个体的组织公民行为跨时间的累积或者多个个体的组织公民行为的累计有助于提升组织的整体绩效，而单独的一次性的组织公民行为很难对组织的整体绩效产生较大的影响。因此，这也是组织公民行为的一个特点，单个的行为作用可能是微乎其微的，但是行为的总和却可以产生很大的作用。

（二）组织公民行为的维度

　　奥根等（1988）最早提出的是组织公民行为的二因素模型，一个因素是利他（altruism），指的是直接帮助面对面情景下的他人，包括帮助缺席的同事、自愿做一些未被要求的事情、帮助新人适应环境、帮助任务负担重的同事等；另一个因素是遵从（generalized compliance），主要指遵守"好员工"的行为规范，例如守时、不无故缺勤、避免工作时间闲聊等。奥根后来又将这个模型发展成五因素模型：①利他（altruism），主要是指助人行为；②责任感（conscientiousness），类似于早期提出的"遵从"维度，但是"遵从"带有更多的服从权威色彩，不能完全体现出自觉自愿的行为，责任感主要指员工超越最低工作要求的尽职尽责行为，例如守时、坚持出勤、保持工作场所整洁、节省资源等；③运动员精神（sportsmanship），主要是指在非理想化的工作环境中不抱怨，仍然保持积极的态度，为团体利益牺牲一些个人的兴趣和喜好；④善意知会（courtesy），主要是指将可能发生的对工作造成不利影响的因素善意地告知相关的同事或上司，避免灾难和损失的发生；⑤公民美德（civic virtue），主要是指有责任感地参与组织中的"政治"生活，例如参加一些非强制性的会议了解组织的相关信息，关心并参与组织中的活动等。

经过10余年的研究，不同的研究者提出了大约30种不同形式的组织公民行为，这些行为大致可以分为7个类别。①助人行为（helping behavior）：自愿帮助他人解决或者预防工作中的问题。几乎所有的组织公民行为研究者都会涉及这个领域。②运动员精神（sportsmanship）：包括对普遍环境的宽容，还应包括在事情没有按照自己的意愿发展时或当别人没有接纳自己的建议或者自己的意见被拒绝时保持积极的态度，为群体利益牺牲个人利益等。③组织忠诚（organizational loyalty）：主要指向外界传播组织的声誉，当组织受到外部威胁时捍卫组织的利益，在不利的条件下保持对组织的承诺。④组织服从（organizational compliance）：对组织中的规则、程序的内化和接纳，在无人监督的情况下也自觉遵守。⑤个体主动性（individual initiative）：在工作任务上自觉地达到远超出最低标准的水平，包括自觉表现出创造性的行为，表现出格外高度的热情和努力,自觉承担额外的工作责任,并鼓励组织中他人也这样做。⑥公民美德(civic virtue):对组织整体的责任感,表现出参与组织管理活动的意愿,例如参加会议、发表对组织政策方针的意见,监控环境中的机遇和威胁,例如跟踪可能影响组织的行业信息,为组织的利益保持警惕等。⑦自我发展(selfdevelopment):自觉提升自己的知识、技能、能力,如主动寻找和参加培训课程,拓展和更新自己领域的知识,学习新的技能,以增加对组织的贡献。

参考文献

谢玉华,李倩倩,陈培培,2016. 新生代员工企业民主参与及其对员工满意度的影响——与传统员工的比较[J]. 企业经济,(10):78-84.

周文斌,张萍,蒋明雅,2013. 中国企业新生代员工的敬业度研究——基于薪酬满意度视角[J]. 经济管理(10):77-90.

CHRISTIAN M S, SLAUGHTER J E, 2007. Work engagement: A meta-analytic review and directions for research in an e-merging area [J]. Academy of Management Annual Meeting Proceedings,(1):1-6.

HOLTOM B C, MITCHELL T, LEE, 2007. Increasing human and social capital by applying job embeddedness theory. Organitional Dynamics, 35(4):315-332.

LANGELAAN S, BAKKER A B, VAN DOORNEN L J P, et al., 2006. Burnout and work engagement: Do individual differences make a difference? [J]. Personality and Individual Differences, 40(3):521-532.

MITCHELL T R, HOLTOM B C, LEE T W, et al., 2001. Why people stay: Using job embeddedness to predict voluntary turnover [J]. Acade-my of Management Journal, 44(6):

1102-1121.

YAO X, LEE T W, MITCHELL T R, et al., 2004. Job embeddedness: current research and future directions[M]//In: Griffeth R, Hom P. Understanding employee retention and turnover. Greenwich, CT: Information Age: 153-187.

第三章

如何与新生代共处

> **学习目标**
>
> 1. 了解几种适用于新生代员工的领导方式的概念与特点
> 2. 绩效管理的概念及适用于新生代员工的演变
> 3. 新生代员工离职的原因及过程分析

案例：国航客舱服务部"90后"员工管理的困惑

一、国航客舱服务部的组织结构与管理体系

中国国际航空公司（简称国航）成立于1988年，是中国唯一挂载国旗的航空公司。客舱服务部是国航重要的一级事业管理部，主要以国际航班任务为主，承担着50%国航空中服务工作。客舱服务部组织架构分两大部分，分别是管理支持部门和生产业务部门。管理支持部门如人力资源室、计划财务室、党群工作室、行政办公室、安全服务室、学习发展室等；生产业务部门包括负责空勤人员航班派遣的生产运行中心和机上餐食和供应品提供的客舱供应室。目前客舱服务部共有员工7110人，空中乘务员占绝大多数，已超过6700人。空中乘务员按技术序列主要分为四个等级：主任乘务长、乘务长、两舱（头等舱和公务舱）乘务员、普通舱乘务员。乘务员这一群体年龄结构较为年轻，总体平均年龄为27.4岁，"90后"员工占员工总数的67%。

客舱服务部按机型（波音机型和空中客车机型）划分了八个乘务员管理部对空中乘务员分别管理。每个管理部乘务员800余人，实行较为扁平的二级管理制度：第一层级是管理部的领导班子，第二个层级就是督导经理。督导经理是平时和乘务员接触最多的管理者。

以孔丹晨所在的乘务员管理二部为例。这个管理部共有四位督导经理，孔丹晨是其中的一位，她分管了200多名普通舱乘务员和实习乘务员，其中外地员工占85%，女性员工占80%，年龄集中在23~27岁，平均年龄24.2

岁，年龄最轻的 1997 年出生。这些乘务员学历水均达到大专以上程度，多来自民航乘务专业，但业务能力和文化素养参差不齐。孔丹晨平均每天都会和乘务员进行 10 多次的个别谈话，其中有每月例行的员工见面谈话，包括行政业务类面谈、绩效辅导、职业规划类面谈，也有旅客投诉、员工离职、突发事件等临时性谈话。在谈话中孔丹晨不仅要通过面谈了解乘务员的实际情况，还要将客舱部及管理部各类最新业务通告进行传达，有时业务内容多到孔丹晨都怕自己落下。

二、一言不合就辞职

网上曾经流传一个女教师潇洒的辞职信："世界那么大，我想去看看。"而国航这些世界各地飞来飞去的年轻人也经常由于一点小原因就提出辞职。孔丹晨最近几个月就处理了几起员工离职事件。一个员工是遭旅客投诉了，孔丹晨本想和这个"90后"乘务员了解情况，没想到这个员工聊着聊着就把所有的投诉原因都归咎在派遣制的用工制度上，还说大不了辞职反正不是正式员工。另一个是被乘务长打了个比较低的绩效成绩，她不找自己身上的原因，就说是乘务长"黑"她，还在管理部大吵大闹，就直接劝退了。还有一个，也是让孔丹晨没想到的一位，她的绩效成绩非常好，管理部党总支书记对她也非常看好，她没有什么特别的理由就是觉得工作不开心，看不清职业发展方向就想要离职。

这天，孔丹晨一大早开完管理部管理层的周例会，回到办公室，看到乘务员刘璐已经等待多时了。"有事吗？"孔丹晨关切地问道。

刘璐说道："孔经理，我想辞职……"一边说着，一边目光从对视滑向下方，似乎心中也有些犹豫。孔丹晨先是大吃一惊，很关心地询问为什么要离职？是否找到了新的单位？让孔丹晨更吃惊的是，刘璐表示她并没有找新的单位，只是觉得这个职业已经不适合自己了，工作中找不到带给自身的快乐，也看不清未来发展的方向，所以她决定离职。说到之后的打算，刘璐说还没有仔细想，休息一两个月后可能去学习滑雪和花道。"挣钱不是工作的目的，因为工作是为了更好地生活，不适合的时候就要像扔旧衣服一样，把工作甩掉。"这时的刘璐展现出了自信与决绝。

孔丹晨先鼓励了一番刘璐："这段时间我觉得你的工作还是做得不错的，而且刚刚结束的'国航好声音'活动，你还得了冠军，原创的歌曲我们大家都很喜欢，现在你也是我们国航的小明星了。你发起组织的飞翔合唱团，活动也开展得有声有色。所以，你在这里还是有很多发挥自己特长的机会的。是不是最近比较辛苦啊？我看到你的年假还没休呢，要不先休息几天，再考虑考虑吧？"孔丹晨暂时没有同意刘璐的辞职申请，给她五天的假期让她好好考虑一下，主要是不想让她后悔。因为之前也有离职的员工，在其他企业工作一段时间又想回来的，也是要费不少波折。

送走了刘璐，孔丹晨明显觉得刘璐是带有情绪的，到底是什么造成"90后"换工作像换衣服，为什么他们动不动就要离职呢？作为"70后"的她可从来就没有过离职的想法，即使是在生完孩子后一直贫血不适合飞行的状态下，她依旧坚持着直到参加竞聘转为地面督导经理管理岗位。当然，劳务派遣制也与离职有一定关系。孔丹晨知道，自从2004年国航在乘务员招聘中全面开启劳务派遣制用工机制后，客舱部的离职率就开始增长了，预计派遣制员工的数量比例还将进一步扩大。劳务派遣制在一定程度上产生了员工缺少归属感和安全感的问题。现在"90后"员工对薪资好像并不在意，他们更加关注自身发展。缺少晋升机会与身份转化机会确实成为派遣制空乘人员离职的重要原因。公司 2016 年的员工离职分析报告也反映出，92% 的离职乘务员的离职归因于缺乏归属感、安全感及缺少晋升机会与身份转化机制。好在为了留住优秀员工，公司也在增加派遣制乘务员的转换名额，人力资源室也出台了后备干部培养的新制度。孔丹晨希望公司的这些改变能够减少离职，留住好员工。

（资料来源：《中国管理案例共享中心案例库》2017 年 8 月）

启发思考

案例中所反映的对"90 后"员工的管理，从中可以看出目前的管理中有哪些优缺点？作为"90 后"的你，偏好什么样的领导风格和管理方式？

第一节 "识时务"的领导力

领导理论一直是组织行为学领域的研究热点。自 20 世纪初以来，领导理论研究取得了很多成果，从强调"是什么"的领导特质理论到强调"做什么"的领导行为理论，从聚焦"组织情境"的领导权变理论到聚焦"个人表现"的领导风格理论，再到近些年提出的交易型领导、变革型领导、魅力型领导、伦理型领导和精神型领导等新型领导理论，领导理论一直处于不断的革新和发展中。要发挥新生代员工在企业中的作用，离不开领导作用的正确发挥。在如今的实践背景下，领导理论又有哪些创新和变化呢？

一、适用于新生代的领导力

（一）包容性领导

1.定义

包容型领导的精神实质是"包容"。我们认为，"包容"就是"融合""兼容并蓄""宽容大度"和"无所不包"，其精髓就是平等地保证每个人应有的发展权利，坚持以人为本，促成和谐与发展。

目前学术界对包容性领导的概念尚无定论。卡梅利等（Carmeli et al.,2010）指出，包容型领导是"关系型领导"的特殊形式和核心，即从领导者与追随者的关系和互动机制探讨领导的作用机制。包容型领导者关注追随者的行为，能够倾听和关注追随者的需要，在和追随者的互动中表现出开放性、有效性和易接近性。李燕萍等（2012）认为，包容型领导在领导过程中坚持以人为本的管理原则，下属对领导者亦持有包容的态度，这是一种双方"互为"的过程。虽然包容型领导的定义各不相同，但大多都强调领导的包容性、开放性、民主性、公平性和互动性。综上所述，本书将包容型领导界定为：在组织情境下，坚持以人为本，主张包容下属的个性化特征和关注下属的差异化需求，善于听取下属观点和认可下属贡献，将所有成员包容到组织发展进程中，强调机会均等、公平参与及合理共享，从而实现成员融合和组织目标的一种开放的、兼容并包的、更具人本关怀的领导模式。

组织实施包容性领导，能够在组织内部形成一种支持员工、鼓励上下级交流的文化氛围，这使员工感知到的组织支持感增强，从而显著增强了下属的揭发意愿，如果员工越认为领导能够代表组织，这种揭发意愿就会越强烈。此外，包容性领导还能通过影响组织创新氛围激发员工的创新行为。这种领导方式无疑会受到新生代员工的喜爱和欢迎，如今，已有越来越多的企业采用包容型领导方式。

2.典型行为特征

（1）平衡式授权

在组织中，权力是一条自上而下的命令链，形成组织权威，规范性管理在很大程度上依赖于组织权威来实现。权威的基本属性是服从，然而新生代员工由于个性叛逆，不喜欢规则和束缚，所以他们对硬性的组织权威持蔑视和淡漠的态度，同时又有强烈的参与意识和成功欲望，渴望实现自我价值，这是他们与领导者产生摩擦和冲突的来源。在这种新的管理情境下，需要领导者平衡自身和新生代员工对权威不同程度的需求。包容性领导引入平衡式授权可以达到包容刚性的组织权威制度和员工的参与意识的目的，关注和满足员工的成功需求，以期提高其积极性、满意程度和技能水平。

（2）走动式管理

在包容性领导中，走动式管理要求领导者"走入"员工中间，较深入地了解员工的工作、生活情况，关注其情感需求，激励和促进员工为达到组织目标而付出更大努力。本质上来说，走动式管理体现了企业管理在法、理、情上的有机融合，也是包容性领导的重要内容。走动式管理不仅让各级管理者对组织或公司的整体情况有所了解，也可以通过紧密的互动更好地与新生代个体产生良好的人际关系，摆脱高高在上的形象。

(3) 渐进式创新

在知识经济和信息社会时代，企业外部环境的易变性与内部管理复杂性凸显了企业发展的难题。富有创新精神和创造力的新生代员工也成为管理复杂性主要来源之一，但企业的组织结构和组织系统需倾向于稳定，因此包容性领导应通过实施渐进式创新兼顾这两者之间的平衡。在瞬息万变的环境面前，领导者只有做先知先觉者，让创新先行，成为机遇的把握者，才能不断推动企业向前发展。包容性领导者在组织创新变革中扮演着发起者、推动者等关键角色。

（二）变革型领导

1. 定义

变革型领导一词首先是由唐顿（Downton）于1973年在《反叛领导》（*Rebel Leadership*）一书提出，接着由伯恩斯（Burns）于1978年在《领导》（*Leadership*）一书中予以概念化。伯恩斯（1978）以马斯洛的需要层次理论来界定变革型领导的概念。他认为，变革型领导是领导者与成员相互提升道德及动机到较高层次的过程。变革型领导者通过提出更高的理想和价值，如自由、正义、公平及人道主义等，以唤起下属的自觉，进而协助他们满足较高层次的内在需要，使下属能由"平凡自我"（everyday selves）提升到"更佳自我"（better selves）。事实上，变革型领导已经不再只是局限于将领导看成是控制、协调等管理的过程与技巧的使用，它更注重领导哲学的提升和领导理念的创新。变革型领导是通过领导者个人的人格力量与魅力的特质来影响下属，通过提升下属的需要层次和内在动机水平，激励下属不断地挑战与超越自我，为追求更高的目标而努力。

组织实施变革型领导，能够充分尊重员工的工作自主权与知情权，及时地与员工进行交流和反馈。由于更充分地分权与授权，员工能够接受更重要的工作的委托，相应的，其技能多样性能进一步提高，这些都带来了更高的工作满意度。

2. 典型行为特征

（1）领导魅力或理想化的影响（charisma or idealized influence）

领导者了解什么样的事情对于未来是重要的，以此来凝聚组织成员的注意力，能提出吸引人的愿景以及达成愿景的策略，并能得到员工的支持，而且能够通过组织内外人士、正式与非正式的沟通网络，有效将愿景传达给他人。

（2）动机鼓舞（inspirational motivation）

领导者能启发组织成员的工作动机，赋予员工工作的重要意义，以此提高员工的工作期望，相信自己能表现出比预期的标准更好。

（3）智能激发（intellectual stimulation）

领导者能提出新的构想或观点，激发成员思考完成工作的方法，鼓励组织成员能用不同于以往的方式来解决问题。

（4）个性化关怀（individualized consideration）

领导者关心每一个组织成员的个别需求，发现成员的潜能，辅导他们完成任务。领导者会考虑员工的独特性格，提供不同的支持与持续性的技能发展。

（三）交易型领导

1. 定义

伯恩斯（1978）在《领导》一书同时也提出了交易型领导的概念。通过对政治领导者的研究以及交易型和变革型领导行为的比较，他认为交易型领导是通过奖励与下属工作进行交换来鼓励下属的。这与激发下属实现自我实现的目标是不一样的，这是一种短期的交换结果。他认为交易领导为下属提供的是纯粹的交换，例如，用下属的工作来交换选票等，是基于社会交换的观点，强调成员与领导者之间的关系是互惠的、基于经济的、政治的及心理的价值互换。我们认为在中国的文化背景下，交易型领导是指在了解下属需要的基础上，运用各种策略，通过澄清角色、工作要求和工作目标，促使员工努力完成工作，从而满足员工需要的领导行为。

2. 典型行为特征

（1）权变报酬（contingent reward）

权变报酬是指领导者给予员工适当的奖励与避免使用处罚，以增加员工工作的诱因。权变报酬可以分为两个次级因素，其一为承诺的权变报酬，即领导者向下属人员保证，会按他们的表现给予应得的奖赏；另一因素为实质的权变报酬，这是领导者按下属人员的表现的情况，提供其应得的奖赏。

（2）例外管理（management by exception）

例外管理是对下属的错误与不合乎标准的行为加以纠正、反馈或处罚的行为。陈文晶（2007）指出例外管理分成主动例外管理与被动例外管理。前者是指领导者主动监控并且修正成员的偏差行为，强化规则以确保成员达成目标。后者则是指领导者平时并不会对成员的行为进行干预，只有成员发生偏差行为时才会采用权变式惩罚或其他修正行动。

二、领导-成员交换理论

(一)理论内容

领导-成员交换(leader-member exchange,LMX)是格雷恩等(Graen,1972)以角色认同理论与社会交换理论为基础而提出的。LMX被认为是衡量和描述组织内领导和下属工作关系质量的重要指标。在LMX还未被广泛研究之前,很多研究观点简单地认为领导把所有员工都视为一个工作组的成员,传统领导理论都基于均衡领导风格的假定:领导在每个员工身上花费的时间和注意力都是平均的,认为相同组织内的员工面对同一种领导方式、观点或行为会有共同的反应,理所当然"同一个领导,同一群下属"。LMX理论则提出领导对待员工并不是一视同仁,存在二分关系。该理论认为由于领导与下属在交往过程中所投入的资源数量和质量等方面存在较大不同,因此双方在交换质量等方面也存在较大差异。

根据角色认同理论,组织中每个员工在组织达到既定目标过程中所扮演的角色、发挥的作用是不同的,而员工在组织中扮演哪种角色主要取决于该员工的直接上级,例如主管、经理等。然而由于每个领导都有多个下属,组织所能提供的资源、领导的时间和精力等方面也都是有限的,因此在这种情况下,领导会对下属进行区别对待,将其分为"圈内人"与"圈外人"。根据社会交换理论,圈内人往往是高质量LMX的结果,这种情况下领导与下属的关系比较密切,一方面,领导会对下属表现出更多的关心,也会力所能及或者尽心尽力提供各种帮助,希望下属为组织目标的实现多做贡献,或者为实现自身的有效领导付出努力;另一方面,员工也会对领导的各种指示或命令严格履行，积极服从领导的各种安排，以获得领导认可与赏识，实现自己的个人目标如晋升、加薪等。对于圈外人而言，这种高质量LMX的各种优势对于他们而言是难以得到的。

（二）对新生代员工管理的启示

LMX以其独特的理论视角，引起了心理学界、管理学界的高度关注，人们在更高层次理论研究的同时，也渐渐开始注重它的应用研究。LMX理论强调在组织中应由传统的自上而下的单向管理变为上下级之间甚至员工与团队或组织之间的互动式管理，这种互动式管理更加强调了相互之间的沟通、学习和塑造。除此以外，LMX还可以在以下几个方面发挥积极作用。

1. 结合职业生涯发展，增强新生代员工对工作环境的把握能力，实现自我价值的不断提升

有效的职业生涯设计与开发是一种个人和组织对前途的共同瞻望，是彼此依存的承诺。有效的职业生涯设计与开发强调下级与上级之间的相互配合，尤其作为领导必须帮助每一个下级，为他们提供必要的途径和机会，开发和培养这些新生代员工为达到事业目标所必备的能力，同时也要为他们的下属分担责任。LMX关系在确定职业发展目标和实现目标的过程中可以发挥重要的作用。与此同时，无论是上级还是下级在职业发展中的每一次进步都是对LMX关系发展的有力促进。

2. 有助于建立良好的信息沟通网络，改善组织气氛

越来越多的组织将内部沟通视为组织管理的一个战略性工具而得以广泛的

运用。LMX 理论在组织中应用的一个重要功能是能促进上下级之间的有效沟通，而且更加强调的是一种互动式的交流。互动式沟通可将理、事、情三者融合于一体，赋予信息更大程度的流动性和平等性，表现出距离近、反馈快和更及时的特点，能使上下级都能获取更丰富、更全面、更生动的信息，有利于对问题的全面思考和研究，同时也有助于树立领导者的亲和形象。有效的沟通又可在更高层次上促进 LMX 关系的改善。

3. 有助于提升团队合作精神，增强组织凝聚力

加强 LMX 关系的建立，将大大促进组织中信任、尊重和支持为导向的文化价值观的形成，营造真诚、开放和平等的团队氛围，激发下属积极地表现出团队所期望的行为。LMX 上升至 TMX 时，团队关系的质量将产生显著的增量效果。此外，已有实证的研究表明，组织中的关系冲突和团队的生产力及团队成员的满意感呈负相关，关系冲突往往破坏了人们之间的善意以及相互理解，妨害了团队任务的完成。而组织中 TMX 的倡导，将十分有助于缓解团队关系冲突，以保持团队的持久团结和合作。

（三）新生代员工管理对策研究

新生代员工的管理方式与以往的不同，管理者与员工关系应由过去的"单向控制"转向"合作伙伴"形式，管理者的管理风格也应由过去的"单一式"转向"协商式"，具体而言有以下要点。

1. 培养归属感，建立对组织的"心理所有权"

皮尔斯（Pierce，1991）提出心理所有权（psychological ownership）是指

"个体感到（心理所有权的）对象好像为他或她拥有的状态"。新生代员工往往会被那些能提供长久稳定职业的组织所吸引，例如阿里巴巴、腾讯等这样的企业。因为他们相信这样的组织能提供更好的发展平台。由此可以看出，新生代员工期待得到组织的肯定和认同，并希望能将组织视为自己的家。员工心理所有权的建立可以使员工将组织视为自己的"家"，使员工建立对组织的"占有感"和归属感。

2. 鼓励建言

建言是员工主动的挑战性的行为，是为了改善现状而进行的带有建设性意见的沟通。建言是本着合作动机的，表达出关于工作的想法、信息和意见，并认为是一种具有创新导向的组织公民行为。根据建言行为的概念，可以发现，建言行为的表现非常符合新生代员工的特征。新生代员工对待工作拥有自己的想法，忠实于自己的想法和意见，对上级的意见不愿意不假思索的"服从"。鼓励新生代员工表达出内心真实的声音，一是可以提高员工参与度，二是可以通过"建言"了解他们的想法和需求，以便于更好地实施有效的管理。组织可以通过建立适合新生代的建言平台，如微博、微信、QQ和内部BBS平台等。建立平等交流的沟通平台，不仅有助于新生代员工表达和宣泄工作情绪，而且可以通过提供正式的渠道，鼓励新生代员工对组织广泛建言，表明组织重视员工的声音和意见。因为新生代员工渴望得到上级的肯定，希望感知到自己对于组织的价值。鼓励员工建言，给予员工表达意见的机会显然可以帮助员工感受到自己对于组织的贡献和价值。

3. 转变领导风格

对新生代员工来说，无论采取何种领导风格，匹配的领导风格才是最适用的。对于新生代员工的管理，领导者应当尽量避免威权式领导风格。尽量使领导者与新生代员工之间的关系建立在一种平等和互惠的基础之上，提高领导成员交换的质量。领导风格的转变对于鼓励员工发挥创造力、培养组织忠诚来说非常重要。领导是组织的"代言人"，根据新生代员工的需求和个性特点，实施相应的领导风格，将有利于增加新生代员工对组织的情感，从而产生良好的管理效果。

📖 读一读

无理由请假卡

情绪低落就可以光明正大地不上班，这在很多人眼里是"天方夜谭"，但是常州的恐龙园文化旅游集团股份有限公司却给员工放起了"情绪假"。2月25日，《现代快报》记者联系上这家公司的工会副主席陈青成，他表示，公司的"情绪假"制度已经实行3年了，"在工作或生活中遇到烦心事或者突发事件而影响情绪，每个月可以请一天带薪'情绪假'。"

2018年，该公司有20多人明确申请了"情绪假"。"其中有一半人没有说明理由，只是说心情不好，我们也不会多问，直接安排休息。还有一半人主要是因为家里有突发状况。"陈青成解释，多半是家人生病或出了意外，需要陪护。"家人出事心情肯定不好，再加上情绪假是带薪假，很多人会在请事假时，将情绪假一起休了。"

而更多人享受的"情绪假"是隐形的。"公司虽然设置了这个假期，但也有很多员工不愿意让别人知道自己情绪不好，出于隐私保护的考虑，我们也会主动给员工休假。"他告诉《现代快报》记者，有时候看到员工偷偷在座位上抹眼泪，部门领导就会主动给员工放假。"还有员工失恋了，男女朋友吵架了，心情不好，也可以休息一天调整心情。"

有了这个假，员工的忠诚度更高了。

为什么要设置这样的制度？陈青成解释，一方面是基于对员工的关爱，另一方面也跟行业有关。

"一方面，我们是服务型行业，如果一位员工心情不好，有可能影响到同事，也会影响到整体服务质量。另一方面，在工作中，如果碰到一些不讲理的游客，员工也可能受委屈。"他表示，倒不如设置这样一个人性化的休假，让员工调节一下心情。

"我们不会去细究请假的原因，只要休假回来后能认真上班就行。"陈青成告诉《现代快报》记者，设置了"情绪假"后，员工对企业的好感度和忠诚度更高了，工作效率也更高了。

"情绪假"实际上是关注职工心理健康。

"情绪假"在生活中并不多见。因为按照传统观念，"闹情绪"不能当回事儿。以前，很多人哪怕情绪不好也硬撑着上班，怕给领导留下不好的印象。近些年，随着观念的转变，大家才逐渐认识到情绪的重要性。

"'情绪假'我也是第一次听说，很新奇，也很暖心。"江苏省总工会女职工部部长宗萍表示，现代人生活节奏快、生活压力大，多少会出现情绪反应。她表示，要求每个企业都设置带薪"情绪假"不太现实，但是关注职工的心理健康是可以做到的。江苏从2011年起开展女职工阳光心灵工程，关注女性心理健康。

江苏全省基层工会也基本设立了心理咨询站室。南京市总工会曾调查职工心理健康状况。结果显示，工作压力是影响职工心理健康的重要因素。部分行业或工种，不良情绪甚至会成为安全生产的隐患，如司机一职。《现代快报》记者了解到，为了减轻公交司机的心理压力，南京公交集团早在2010年就开始组织心理咨询工作。

"我们希望通过心理疏导、心理关怀，通过心理健康教育，塑造职工的健康心灵。让他们能快乐工作，幸福生活。"宗萍说。

（资料来源：《经济快报》，2019年2月26日）

第二节 "接地气"的绩效考核方式

在今天这个全球化的世界里，由于互联网技术及通信技术的发展，"人"已经取代产品和技术，成为企业新的核心竞争力。那些士气高昂、才能出众的员工，更能出色地向客户提供卓越的服务，使企业超越它的竞争对手，这是一种被许多人称为"人力资本"的非常关键的组织资源。而在知识经济时期，这一资本显得更为重要。

因此，如何调动员工的工作积极性，如何激发员工的热情，使员工以饱满的工作态度投入工作岗位中，成为人力资源部门（HR）首先思索的问题。而绩效管理体系则是能够将人的才能和动力转化为一种企业战略优势的各种关键工具的组合。面对新生代的员工们，只有合理化企业绩效考核力度，建立健全工资分配考核奖惩制度，才能保证员工队伍相对稳定，企业经济效益不断提高。

一、绩效管理的发展历程

绩效管理始于绩效评估。绩效评估有着悠久的历史，中国人至少在公元3世纪就已经开始应用正式的绩效评估。在西方工业领域，罗伯特·欧文斯最先于19世纪初将绩效评估引入苏格兰。西方的绩效管理发展历史可以简要地划分为三个部分。

（一）第一阶段（19世纪初—20世纪初）：成本导向阶段

该阶段绩效管理单一地以成本或计数型成果作为评价标准。查理·巴贝奇在详尽阐述了劳动分工提高工效的原因、利润分配制度等问题的基础上，提出了"边际熟练"原则，即对技艺水平、劳动强度定出界限，作为报酬的依据；在泰勒科学管理运动中，以单位时间的动作研究为基础，提出了差别计件工资制。所谓差别计件工资制，就是"对同一种工作设有两个不同的工资率。对那些用最短的时间完成工作、质量高的工人，就按一个较高的工资率计算；对那些用时长、质量差的工人，则按一个较低的工资率计算"。甘特根据泰勒的理论，发展出奖励计件制。与泰勒不同的是，甘特着眼于工人工作的集体性，所提出的任务加奖金制具有集体激励性质，另外，每一个工人达到定额标准，其工长可以拿到一定比例的奖金，使工长由原来的监工变成了工人的老师和帮助者，把关心生产转变成关心工人。

（二）第二阶段（20世纪初—20世纪80年代末）：财务导向阶段

1903年杜邦火药公司开始使用"投资报酬率"来评价公司业绩，后来杜邦公司的财务主管唐纳森·布朗将投资报酬率这一指标发展成一个评价各个部门业绩的手段，布朗建立了杜邦公式，并发明了"杜邦系统图"（图3-1）。

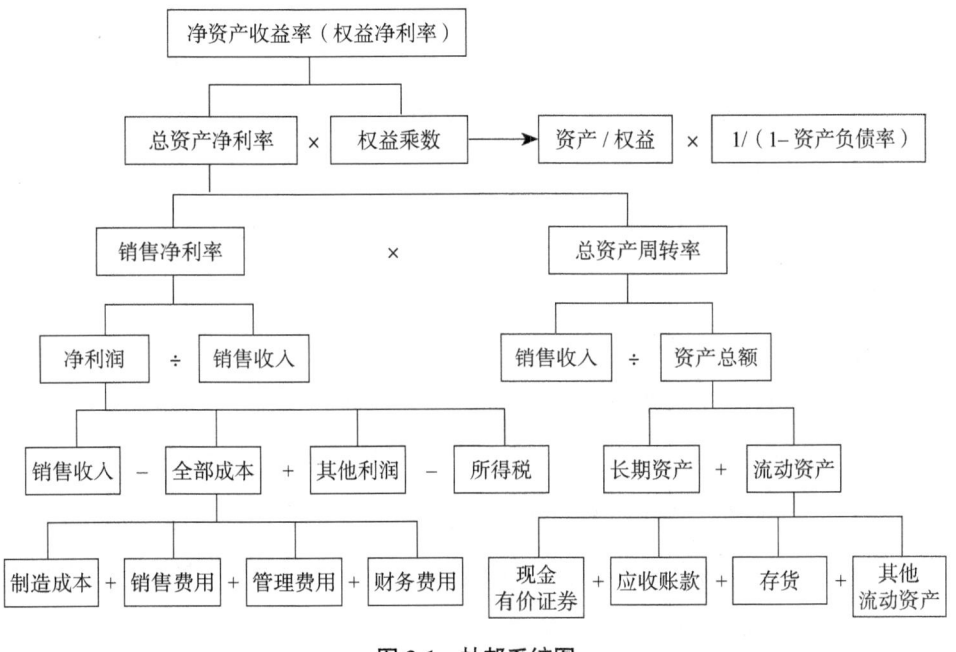

图3-1 杜邦系统图

1928年亚历山大·华尔提出了包括资产周转率、存货周转率和流动比率为主的七个财务指标，统称为综合财务指标。随着管理理论与实践的不断发展，此后又不断发掘出包括现金流等财务指标。

1928年亚历山大·华尔提出了包括资产周转率、存货周转率和流动比率为主的七个财务指标,统称为综合财务指标。随着管理理论与实践的不断发展,此后又不断发掘出包括现金流等财务指标。

(三)第三阶段(20世纪80年代至今):平衡创新导向阶段

进入20世纪90年代,随着经济与管理水平的发展,单一的财务指标已不能满足发展的需要,新的绩效考核理论和方法都有了长足的发展,其中使用最广泛的为基于KPI(key performance indicator)的绩效管理。90年代初,哈佛大学商学院的诺顿和卡普兰教授在分析美国众多大企业的基础上发展了一种战略管理工具——平衡计分卡(BSC)。平衡计分卡主要通过图、表、卡体系来实现企业战略落地,将绩效管理纳入企业战略管理之中。

另外,越来越多的管理者和研究者意识到绩效评估的局限性和不足。绩效管理正是在对传统绩效评估进行改进和发展的基础上逐渐形成和发展起来的。传统的绩效评估是一个相对独立的系统,通常与组织中的其他背景因素相脱离,如组织目标和战略、组织文化、管理者的承诺和支持等。而这些背景因素对于成功地实施绩效评估有着非常重要的作用。正因为传统的绩效评估对于提高员工的满意度和绩效的作用非常有限,对完成组织目标的作用也不大,所以阻碍了绩效管理的发展。

传统的绩效评估的目的应转移到雇员发展上来,关注员工的发展则能满足员工安全需要和尊重的需要,并且让员工更好地进行自我实现。绩效管理系统不同于绩效评估,一般认为,绩效评估只是绩效管理的一部分。从绩效评估到绩效管理应该是一个组织整体文化的变化,包括指导、反馈、薪酬和晋升决定以及法律上的阐述。这其实包括了现在认为的绩效管理的大部分内容。

绩效评估到绩效管理有赖于以下四个原则：

（1）必须设定目标，目标必须为管理者和员工双方所认同；

（2）测量员工是否成功达到目标的尺度必须被清晰地表述出来；

（3）目标本身应该是灵活的，应该足够反映经济和工作场所环境的变化；

（4）员工不应仅仅把管理者当作评价者，还应该当作指导者，帮助他们达到成功。

二、绩效与绩效管理的概念

管理大师彼得·德鲁克认为："所有的组织都必须思考绩效为何物。"那么，绩效是员工的工作行为还是工作态度的结果？绩效有客观的标准可以衡量吗？绩效管理关注的是什么呢？不同行业、不同发展阶段及不同文化背景下，企业在绩效管理上有何异同呢？

要解决这些问题，我们首先要做的，就是了解绩效与绩效管理的概念，弄清楚它们的确切内涵。

（一）绩效的涵义

绩效包括组织绩效和员工个体绩效两个层面，我们在这里侧重研究的是员工个体层面的绩效。对绩效的定义，主要有两种观点，一种把绩效看作为一种结果，另一种则把绩效看作为个体的行为。结果绩效可以用诸如产出、指标、任务、目标等词表示。绩效比较经典的定义是在特定的时间里，由特定的工作职能或活动产生的产出记录。把绩效定义为产出的结果与人们日常的感受相符合,便于人们理解;同时结果作为绩效在进行绩效衡量时操作性强,有利于明确具体的指标,如生产总量、次品率、销售量,容易保持客观性。

但不同意把绩效作为产出或结果的学者对这种定义提出了质疑,概括一下主要有三点。

(1)许多情况下员工的工作结果并不一定是由员工自己的行为产生的,也可能是与工作的人无关的其他因素在起作用,如营销人员所在的区域不同,绩效很有可能受到影响。

(2)有些组织很难把结果作为衡量绩效的标准,如警察、医护人员,不能说警察抓的犯人多,绩效就好。

(3)单纯地追求结果,很可能导致员工的一些不当行为,如追求短期利益行为;同事之间互相竞争,不顾及组织整体利益的行为,等等。

(二)工作绩效的三个方面:任务绩效、周边绩效与适应性绩效

在组织行为学领域,有关员工工作绩效的研究基本上可归为两种取向,一种是考察哪些因素影响了个体的工作绩效以及这些因素与工作绩效之间的作用机制;另一种是探讨绩效本身的内涵和结构。在后一取向中,博尔曼等(Borman et al., 1993)提出的二因素绩效模型是比较典型的。他们在综合以往相关研究的基础上,明确地将工作绩效划分为任务绩效(task performance)与周边绩效(contextual performance)两个维度。

任务绩效是有明确规定的职务内行为,主要指通过直接的生产活动、提供材料和服务对组织的技术核心所做的贡献。

周边绩效是与工作任务间接相关的自发行为、组织公民性、组织奉献精神以及与特定任务无关的绩效行为,它为核心的技术活动提供了组织的、社会的和心理的环境。它不是直接的生产和服务活动,而是指构成组织、社会、心理背景的行为,它可以促进任务绩效,从而提高整个组织的有效性。周边绩效包括两个方面的内容,一是人际促进(interpersonal facilitation),二是工作风险(job dedication)。

任务绩效与周边绩效的不同之处,在于周边绩效不会随着岗位和职务的变化而变化,而任务绩效会随着岗位和职务的变化而变化。另外,任务绩效是指工作中具体的工作行为,周边绩效是指工作中非具体化的工作行为,周边绩效就相当于组织公民行为。

然而在21世纪,由于经济全球化进程的加快及企业外部竞争的日趋白热化,变化和动态性成为现代组织的主要特征之一,这就要求员工经常面对不确定的工作情境、不断学习新的技术和方法以及创造性地解决问题。针对这种情况,奥尔沃斯等(Allworth et al., 1997)提出有必要在任务及关系绩效的基础上增加关注员工应对变化的适应性绩效(adaptive performance)成分。

适应性绩效是顺应组织快速变革的需要而提出的一个新概念。适应性绩效是指广义上的适应性行为,即当工作要求和条件发生变化时,个体在一个任务上的学习能够有效地迁移到另一个任务上的行为。普雷克斯把适应绩效划分为8个因素:①处理紧急和危急情境;②处理工作压力;③创造性地解决问题;④处理不确定性和不可预测的工作情境;⑤学习新工作任务、技术和程序;⑥表现出人际适应性;⑦表现出文化适应性;⑧表现出身体条件的适应性。不同类型的工作可以取不同适应性绩效的维度来说明个体的适应性绩效水平。

也有学者将工作绩效划分为任务绩效、人际绩效、适应绩效和努力绩效四个成分,同时表明,四因素结构模型中,任务绩效与传统任务绩效的界定一致;努力绩效是一个独立的绩效成分,这里的努力绩效就相当于前面提到的工作风险。

(三)绩效管理的含义

何谓绩效管理?绩效管理就是管理组织绩效的过程。其中,绩效管理应包括三个过程:计划、改进和考查。绩效计划包括系统地阐述组织的预期和战略,定义绩效等;绩效改进是一个过程,包括商业过程重组、持续过程改进、基准化和全面质量管理等活动;绩效考查包括绩效衡量标准和评估。这种观点的核心在于决定组织战略以及通过组织结构、技术、事业系统和程序等来加以实施,主要从组织的角度来考虑目标制定、绩效改进和考查,雇员虽然会受到影响,但不是主要的考虑对象。

随着时代的发展,一些学者进而提出了绩效管理应以雇员为中心,其过程应该包括:计划、估计、修正。首先给员工确立目标并与其达成一致的承诺;然后对实际期望的绩效进行客观衡量或主观评价;最后通过相互反馈进行修整,确定可接受的目标,并采取行动。

另一些学者认为,对组织进行绩效管理的目的是为了实现组织目标。因此,对雇员的绩效管理总是发生在一定的组织背景中,离不开特定的组织战略、组织的目标;而对组织的绩效进行管理,也离不开对员工的管理,因为组织的目标是通过员工来实现的。所以,绩效管理通过将各个雇员或管理者的工作与整个工作单位的宗旨连接在一起来支持公司或组织的整体事业目标。这说明我们必须在几个层次进行绩效管理,一个极端是管理组织绩效、另一个极端是管理雇员绩效,而更全面的模型应涉及组织、个人和介于两者之间的各个层次。

从心理学的学科性质看,我们更多关注的是个体的绩效。而从组织角度进行绩效管理的目的是提高组织绩效,达到组织的总体目标。前面我们已经把绩效定义在个体层面上,所以我们可以把绩效管理定义为在特定的组织环境中,与特定的组织战略、目标相联系地对雇员的绩效进行管理,以期实现组织目标的过程。

三、面对新生代员工的绩效管理

管理学理论总是处于不断的发展和变革中,这种动态变化的性质是由管理实践的需要而来的。面对新一代的员工们,他们讨厌一成不变、追求尊重与自我实现,有着与传统员工不同的特点,面对他们,我们应在绩效管理方面做哪些调整呢?

(一)合理设置工资比例

第一,合理设置绩效工资占基本工资的比例。绩效显著的员工获得奖金的比例占基本工资的10%以上,绩效良好的员工获得奖金的比例占基本工资的8%~10%,绩效一般的员工获得奖金的比例占基本工资的5%~7%,绩效比较差的员工获得奖金的比例占基本工资的3%~5%。如果低于3%的话,就起不到任何激励作用了。

第二,合理确定固定工资的比重。如果固定成分低于薪酬总额的40%,会产生强大的激励效果；如果固定成分占薪酬总额的 60%，就会起到一定的激励作用。

（二）三项贴水

余海燕（2011）指出，企业的三项贴水是针对关键团队骨干或优秀成员，新生代知识型员工属于关键团队骨干成员，因为他们为公司创造了价值，是促进公司发展的主力军。

1. 收入贴水

这是最关键的贴水措施，指企业于每个月付给个体的货币收入高于同等层次成员的近期市场出清价格的部分。对于那些在技术或者管理方面具有熟练技能且具有不可替代性的关键团队骨干成员，保持在 30%~100% 的贴水幅度较为合适；对于那些在某一特定的领域颇具专长的员工，应该增大贴水幅度；对于那些在生产、销售等业务方面缺乏专长的员工，贴水幅度应保持在 10%~30% 较为合适。例如，在 W 市，2017—2018 年期间，本科生毕业者进入非外资企业工作第一年的年收入为 2 万元人民币。ZB 公司为 W 市的非外资企业，ZB 公司于每一个月支付给此类员工的人均收入为 2500 元，那么，ZB 公司对该类成员的收入贴水为每年 1 万元，贴水幅度为 50%。

2. 信誉（品牌）贴水

主要指针对个体在信誉（品牌）方面的需求所实施的贴水。如果一个特定的企业，在信誉与品牌方面所进行的投资超出了当地平均投资水平，所超出的投资部分就是信誉（品牌）贴水。

3. 情感贴水

为了提高众多个体的情感水平参数值，企业在时间与精力方面进行超出当地社会平均投资水平的投资，这种超出部分的时间与精力投资就是情感贴水。

第三节　关于"无畏的"离职

据前程无忧发布的《2016 离职与调薪调研报告》指出，"90 后"员工越多，离职率越高。这从侧面反映了新生代员工离职率之高以及其导致的不利影响。同时还指出，2015 年员工整体离职率近两成，大多数"90 后"员工坦言更看重的是价值观。而且，看准网发布的《2015 年最新关于企业离职率的调研报告》指出，2014 年企业员工离职率上升不大，比 2013 年超出 3.2%；员工主动离职率达 19.6%，比上年增加 2.2%；毕业生缺少职业规划，入职一年，离职率高达 35.4%；工作年限低于三年的离职率保持在 30% 以上；"90 后"上班族稳定性差，"频繁跳槽"成为其职业特征。

对企业而言，新生代知识型员工的正常流动可增强企业的综合竞争力，但主动离职过于频繁会导致企业人力资本投资成本增加、出现人才断层、影响整个企业在职员工的稳定性，最终导致企业生产效率下降，使企业在竞争中处于劣势，会给企业的发展带来不利的影响；而对新生代知识型员工自身而言，频繁跳槽不仅不利于个人职业发展，还会浪费工作经验的积累，亦不利于新生代知识型员工自身的发展。

一、新生代员工离职原因分析

对于员工离职原因的研究，早期是从宏观的角度出发，认识到劳动力市场的就业水平、经济结构以及社会形态等均对员工离职有影响作用。而后延伸到组织和个人层面，近些年学者们尝试从整合视角，系统地揭示离职倾向的影响因素，其中影响力最大是价格 – 穆勒（Price–Mueller）模型。整合以往的研究成果，员工离职的原因可以分为三个方面，包括个人原因、环境原因、社会原因。

（一）个人原因

新生代员工有其自身的人格特质因素，如个性突出、价值观多元化等，当这些个人特质与环境相互作用时，就有可能导致个体离职倾向态度的产生。如，新生代员工大多都受过良好的教育，加之处于信息爆炸的时代，这使他们的世界观、人生观、价值观相对成熟，相对优越的成长环境使他们自尊心极强，因此，他们很难服从公司或组织相对刻板的安排，当企业的现实情况与他们的期望相差过大时，他们很难在企业继续工作下去，这是他们离职的主要原因之一。

另外，公司的一般培训也会对员工离职率造成影响。一般培训指公司培训的知识和技能在相关行业的适用性很大的培训。目前一些企业已经认识到了加大一般培训的力度，在一定程度上可以提高员工的工作技能，但与此同时也相应地增加了为其他企业培养人才的风险，很多员工通过培训掌握技能后会对薪酬等有更高的要求，如果公司不能满足其需求，员工会有离职倾向。

最后，员工的工作参与度也会对此造成影响。工作参与度是指员工对工作的努力程度。高工作参与度体现了员工对组织的高期望和高投入,说明员工的工作满意度和组织承诺度比较高,离职的可能性比较低,因而工作参与度与离职率负相关。

(二)环境原因

1. 工作条件

工作本身也会对员工的离职意向有极大影响,例如工作条件的好坏、工作强度的可接受度、工作内容的丰富度、工作的挑战性、工作方式的自主度与工作时间的灵活性,等等。工作条件越好,工作强度可接受,工作内容的丰富度越高,在可实现的条件下工作的挑战性越高,工作方式的自主度与工作时间的灵活性越好,那么员工的离职倾向就会越低。

2. 晋升机会与薪酬

晋升机会指企业内部潜在的垂直向上的职位流动。中国人"官本位"的思想较严重,晋升反映了员工自身的一种未来收益,晋升机会的大小直接影响员工的工作满意度和组织承诺度。对新生代知识型员工而言,更是如此,晋升是对其工作能力和知识技能的肯定,当新生代知识型员工遭遇职业高原期(指在同一个工作岗位上两到三年没有晋升或者变动)时,会加大其离职的可能性,因而晋升机会与离职呈负相关关系。其次,薪酬指新生代知识型员工付出自己的努力、劳动所换取的报酬及其他方面的福利,薪酬越高,员工满意度越高,因此离职的可能性越低。组织的薪酬激励政策不完善,对新生代员工激励作用小,也难以满足新生代员工对成就感和自我价值实现的需要。

3. 社会支持

社会支持指员工在工作中得到的上司、同事和领导的支持。在新生代员工看来，来自上司、同事和领导的支持，是对自己工作能力的认可，高社会支持会对新生代员工产生精神激励。社会支持的程度越大，离职的可能性越小。

4. 感知公平

公平性指企业对员工的晋升、奖励多大程度上是以工作绩效为基础的，公平性与离职呈负相关关系。根据亚当斯的公平理论，职工对收入的满意程度能够影响职工工作的积极性，而职工对收入的满意程度取决于一个社会比较过程，一个人不仅关心自己的绝对收入的多少，还关心自己相对收入的多少。所以，员工会把自己付出的劳动和所得的报酬与他人付出的劳动和所得的报酬进行社会比较，也会把自己现在付出劳动和所得报酬与自己过去所付出的劳动和所得的报酬进行历史比较。如果当他发现自己的收支比例与他人的收支比例相等，他就会认为公平、合理，从而心情舒畅，努力工作；如果当他发现自己的收支比例与他人的收支比例不相等，或现在的收支比例与过去的收支比还要低时，会产生不公平感，内心不满，工作积极性随之降低。新生代知识型员工对公平性的要求较以往几代人更为强烈，他们始终认为付出多大的努力就该有多大的回报，当遭遇到不公平待遇时，会加大离职的可能性。企业要做的，就是使员工保持这种公平感。

5. 组织的发展前景

员工的工作行为和工作态度除了受到现阶段的发展情况的影响，他们对未来的预期也不容忽视。组织的发展前景与员工的职业生涯发展息息相关，一个有未来的企业会给员工正向的心理暗示，使员工感觉到努力工作大概率等于事业成功，从而极大地提高员工工作积极性。

(三)社会原因

从社会原因的角度而言，主要包括亲属责任和机会。新生代员工大多是独生子女，负担较重，对亲属的责任体现得较为突出。亲属责任主要是指对父母、配偶和子女的责任及应承担的义务。一般而言，如果新生代员工的家庭负担较重，那么他离职的概率会相应较小。

机会是指找到其他可替换工作的难易程度。新生代员工较过去几代员工普遍家庭背景好，这使他们在经济上的压力更小，同时来自长辈的资源更丰富，有更多的外部工作机会。当员工可选择的工作比较多时，有意无意地会对其收益及工作条件进行比对，若比对后觉得新工作更有发展前景且收益更多时，在外部条件允许的情况下就会产生离职行为，因而更多的机会将增加离职行为，机会与离职是正相关的关系。

二、新生代员工离职过程分析

王聪颖等（2015）指出，根据"期望比较 - 情绪 - 态度 - 行动"的模型，新生代知识型员工通过把工作期望和现实工作状况进行比较判断后产生积极或消极的情绪，接着又会对一系列的工作态度产生影响，进而产生离职行为。

（一）工作期望比较判断和情绪产生过程

新生代知识型员工的自身特点和中国传统集体主义文化的影响使其在工作中不但会把自我工作期望与现实工作状况进行比较，而且还特别在意父母等重要他人对其的工作期望以及同行工作状况，并将其与自我现实工作状况进行持续比较判断，继而产生积极或消极的情绪。

根据自我差异理论，当个体确信自己当前的现实品质不符合个体理想自我状态时，即本人现实自我与本人理想自我发生差异时，会产生失望、不满等消极情绪；而当个体确信自己当前的现实情况与他人对个体期望不相符时，即本人现实自我与他人期待自我发生差异时，也会产生沮丧等消极情绪。

因此，新生代知识型员工独特的成长背景和经历使其形成不同于其他代际员工的价值观和人生观，在工作中更加注重追求成就感、创造性、独立性、刺激性和自我价值。他们往往把上述理想工作期望与现实工作状况不断进行比较并发现差距。因为他们大多是独生子女，非常在意父母等重要他人对其工作的期望，所以常常把重要他人的工作期望与自我现实工作状况相比较。当现实工作状况高于或符合自我工作期望和重要他人工作期望时，新生代知识型员工就会产生积极情绪；而当低于期望时，则会产生消极情绪。

（二）态度产生和形成行为意向阶段

新生代知识型员工通过期望比较产生相应的情绪后，为了履行对家庭的责任和更好地被家庭接纳，会将这种情绪转化为对职业目标和专业目标的追求，并通过持续努力工作提高其职业承诺和专业承诺以摆脱当前不好的工作状况。

他们通过期望比较形成的积极情绪会产生较高的工作满意度、组织承诺、职业承诺和专业承诺，但是通过期望比较形成的消极情绪在产生较低的工作满意度和组织承诺的同时，职业承诺和专业承诺却大大增强。一方面，这与其成长环境有关，受多元文化的影响，新生代员工更倾向于功利主义和实用主义，与其他代际员工相比具有更高自我实现需求、更加渴望被他人认可和更为强烈的求胜心理。因此，较之忠诚于某一组织，他们更加关注自身的职业发展和专业提升，更加忠诚于自己的职业和专业，会寻找更好的组织去实现其职业和专业目标。另一方面，他们的情感也会受到人情面子、家庭责任等传统文化的影响，当处于消极心境时，这种影响可能会促使其通过对职业目标和专业目标的追求来摆脱不好的工作境遇。

（三）环境因素对新生代员工的离职倾向有调节作用

新生代知识型员工对组织公平、沟通氛围的感知以及自身的生活方式都会对其态度和离职意向之间的关系产生调节作用。根据计划行为理论，主观规范对行为意图的影响，即个体在决策是否执行某一特定行为时感知到的社会压力，反映了重要他人或团体对个体行为决策的影响。当新生代员工产生消极情绪时，领导若能及时发现并与之进行积极沟通，改变以前对他们的不公平对待，那么他们很可能降低离职意向，并继续留在组织；若其与家庭成员沟通离职打算时能获得家庭的支持，那么其离职意向会进一步强化。

总而言之，新生代员工产生离职行为的作用机理是他们会不断将工作期望（自我和重要他人）和现实工作状态进行比较判断，继而会产生积极或消极的情绪，接着又会对一系列的工作态度产生影响，最终可能产生离职行为。

三、降低新生代员工离职率的管理对策

（一）员工方面

首先，新生代员工因其独特的个性需要调整好工作态度，努力工作，认真努力，将这份工作视为实现自己价值的途径，必须好好把握，在工作中寻找乐趣，找到自己与工作的最佳结合点，最终实现自己的人生目标。其次，新生代员工自身应积极主动，努力争取，勇于担当，通过自身主动承担某一些任务，提升专业素养以及抗压能力；最后，新生代员工应根据自身特点以及其他相关因素做好自己的人生规划，找到自己的职业发展方向，避免找工作时的盲目性。

（二）企业方面

1. 企业应科学招聘，严把招聘关

招聘新生代员工时应以员工与企业匹配为导向，深刻认识招聘岗位需要的能力，提炼出所招聘员工应具备的资质，与此同时在招聘过程中应对员工的一些内在的素质、品性进行测评，大体判断其素质、品质是否与企业所要求的价值观等相匹配。

2. 科学开展培训工作

企业应积极地对新生代员工进行岗前培训。新员工进入一个新企业时，对该企业的规章制度、文化等了解不深，岗前培训可以引导员工尽快实现与企业的融合。另外，新生代员工刚步入职场，缺乏对企业的忠诚，通过培训可增强

新生代员工对企业的忠诚度，减少其主动离职现象的发生。与此同时新生代员工虽然已陆续步入了工作岗位，但他们中的大多数对自身的职业生涯还没有清晰的规划，因而企业可以利用岗前培训引导新生代员工制订适合自己的职业生涯规划。另外，在培训期间也要做好岗位轮换工作，可以使新生代员工找到适合自己的岗位。

3. 采取有效的激励方式

企业应尽可能地根据新生代员工自身的个性特征，实行人岗匹配，也应注意采用个性化的激励手段，兼有物质激励和精神激励。新生代员工在个人的基本生活需求得到满足后，更注重自身的发展空间和升值潜力。一些调查报告显示，新生代员工择业的首要标准是自身的发展机会。因而企业应设计更有竞争力的晋升发展机制与薪酬福利体系，提供更多的晋升机会和发展空间，让新生代员工可以更清楚地看到自己的未来，从而降低其离职的可能性。

4. 营造开放式的双向沟通环境

企业应积极地营造开放式的双向沟通环境和氛围，了解新生代员工的需求和期望。采用尊重、关怀、平等的方式与新生代员工进行沟通，尽量少用说教式的沟通方法，在条件允许的情况下，多采用集体式的沟通方式，给新生代员工发表自己见解的机会，从而使其感觉到被平等地对待，被重视，进而可确保企业制定的政策能够有效实施。

5. 建构优秀的企业文化

首先，建设企业文化以凝聚员工动力。员工长期忠诚于公司的另一要素是公司的企业文化,建设具有核心意义经营管理的企业文化对于凝聚员工向心力具有积极作用,形成共同的价值观、企业信念,通过策划企业营销,包装企业形象,制定企业精神、制度、使命等,促使员工忠诚于不同行业中的企业。其次,企业管理者需要做好顶层设计。一个企业的企业文化的形成往往和企业的开创者有着紧密的联系,因此,企业顶层管理者要具备大局观,根据企业发展的需要与员工的接受范围,结合所处行业的地位,寻求出本企业的核心价值观,此核心价值观,能够使企业员工职业生涯规划方向统一,价值观一经确立,企业管理者要发挥身先士卒的作用,用自己的影响力与感染力带动企业员工,使员工普遍接受内在核心和行为准则。最后,满足人才技术探索创新需求。专业技术人员在实验开发新产品中,需要企业强有力的资金支持,保障核心技术人员的个人发展空间,以核心产品竞争力和营销技术为企业发展拓宽道路,现实中的不同行业,尤其是技术类企业发展需要专业人才,重点做好企业人才工作,在开发技术产品的难度上发现企业经营中存在的风险,面对企业发展的不足,不断改进,并提出相应的整改方案,帮助企业规避经营风险,使企业在市场竞争中长远立足。企业发展需要制订选择合理的策划方案,持续性以创新机制为发展前提,保障企业中专业技术性项目的不断开发。

四、结语

一定比例的人员流动会给企业带来新的活力,可是同样也会对企业内部稳定造成不利影响。因此,我们应积极采取措施来解决新生代员工的高离职率问题。一方面,企业应结合新生代员工特点,分析内、外部影响因素,掌握最新政策动态，根据企业发展状况从企业的管理理念、工作环境、企业文化、人力资源管理等各大方面进行调整，适应时代潮流，满足员工需求，营造良好的工作氛围，实现人尽其能、事得其人、人事相宜的局面，促进员工和企业的共同发展。另一方面，新生代员工也应发挥自己的长处，规避自己的缺点，调整好工作态度，提升自身综合素质，尤其是抗压能力，积极迎接挑战，积极融入企业，促进个人发展。

参考文献

陈文晶，时勘，2007. 变革型领导和交易型领导的回顾与展望 [J]. 管理评论，19（9）：22-29.

邓昕才，潘枭骁，董霞，2017. 国内领导——成员交换理论研究进展 [J]. 贵州师范大学学报（社会科学版）（4）.

李燕萍，杨婷，潘亚娟，等，2012. 包容性领导的构建与实施——基于新生代员工管理视角 [J]. 中国人力资源开发（3）：31-35.

王聪颖，杨东涛，2015. 新生代知识型员工离职行为的心理归因及管理启示——基于扎根理论的分析 [J]. 江海学刊（6）.

王淑红，龙立荣，2002. 绩效管理综述 [J]. 管理评论（9）：40-44.

余海燕，2011. 新生代知识员工绩效管理 [J]. 企业研究（24）.

Allworth E, 1997. Adaptive Performance: Updating the Criterion to Cope with Change[J].

BORMAN W C, BRUSH D H, 1993. More progress toward a taxonomy of managerial performance requirements [J]. Human Performance, 6（1）: 1-21.

BURNS M G, BURNS J, BURNS J O, et al., 1978.Leadership[J]. American Journal of Sociology, 1（1）: 11-12.

CARMELI A, REITER-PALMON R, ZIV E, 2010. Inclusive Leadership and Employee Involvement in Creative Tasks in the Workplace: The Mediating Role of Psychological Safety [J]. Creativity Research Journal, 22(3): 250-260.

GRAEN G, DANSEREAU F, MINAMI T, 1972. Dysfunctional leadership styles [J]. Organizational Behavior and Human Performance, 7(2): 216-236.

PIERCE G R, SARASON I G, SARASON B R, 1991. General and relationship-based perceptions of social support: are two constructs better than one? [J]. Journal of Personality & Social Psychology, 61(6): 1028.

第四章

如何"榨干"新生代的潜力

知己知彼,百战不殆;知天知地,胜乃不穷。

——《孙子兵法》

> **学习目标**
>
> 1. 了解新生代的需求
> 2. 了解公司现有激励机制的现状
> 3. 掌握如何激励新生代员工

案例："90后"杭州女孩裸辞

前不久，一个杭州萧山的姑娘在萧山网发帖《9月，我要辞职了》，该帖子在朋友圈疯狂刷屏，引发网友热议。姑娘在帖子里晒出了自己的辞职信，里面罗列了7条辞职原因。

1. 没时间泡仔，看电影还要看好时间，下午场晚上21：00前到店。

2. 没时间旅游，去个韩国，订好机票，说让退票。

3. 没有加班工资，上班无期限。

4. 别人请假，逢年过节要在岗留守。

5. 没有朋友，维护公司利益得罪人，做不到趋炎附势、溜须拍马、左右逢源，没有朋友到连逛个街的人都没有。

6. 没有前途，开业时营业额70多万元，现在只有10万元左右，见证过你的辉煌，也见证了你的衰退，无人管理，无人经营。

7. 不想混日子了，很多员工现在都是混日子，我还没到混日子的年纪，没法安逸。

通过杭州女孩裸辞的事件大家应该对新生代想要什么有了一个初步印象，那么我们又该如何保留和激励新生代呢？

第一节　新生代想要什么

新生代是成长于改革开放、市场经济迅猛发展时代的新生群体，他们的生理需求和安全需求从小就得到了极大的满足，因此他们更渴望满足归属、自尊和自我实现等更高层次的需求，具有更强的工作公平感和职业成就感，向往宽松自由的工作环境。同时又因为受到计划生育政策的影响，大多数新生代都是独生子女，要么是家里的小皇帝、小公主，从小到大吃穿不愁、备受宠爱；要么孤独留守，从小缺乏父母关怀，这使他们更加以自我为中心，心理素质及心理承受能力相对较差，因此他们既追求工作生活平衡，实现职业长期发展，同时又渴望和谐融洽的组织氛围，拥有良好的人际关系。此外，新生代又是成长于科学技术日新月异、网络和信息技术不断更新的时代背景下的新生群体，他们是天生的网络一代，从小就频繁接触互联网，因而具有较高的计算机水平和专业技术能力。新生代还是出生在全球化挑战愈演愈烈的时代，这使他们拥有更开放的价值观，更独立的人格特质，在工作生活中敢于创新，求新求变。

一、组织公平感

公平一直是人类追求的永恒主题，也是组织维持稳定和可持续发展的必要因素，组织公平感是组织或单位内人们对与个人利益有关的组织制度、政策和措施的公平感受，包括分配公平、程序公平和互动公平（人际关系公平）三个维度。由于受到计划生育政策的影响，很多新生代都出生于独生子女家庭，有的甚至出生于父母双方都是独生子女的家庭，这就意味着很有可能两个家庭同时抚养同一个小孩，新生代在家庭中的地位和重要性自然不言而喻。父母对新生代几乎都是要什么给什么，而且要给就是给最好的：吃最好的食物，穿最好的衣服，提供最好的教育，他们从小到大几乎就没遇到大的失败和挫折，社会阅历浅；同时也缺乏吃苦耐劳的精神，心理承受能力较差，对不公平待遇的容忍度较低。因此自小"众星拱月""养尊处优"的新生代比以前世代更加追求公平，在职场中对组织公平感的渴望更加强烈。同时相关研究也表明，新生代具有渴望平等的工作价值观，李燕萍和侯烜方（2012）基于扎根理论，发现新生代员工具有"自我、平等、革新、发展"的工作价值导向，他们既追求满足自我情感，追求自由个性张扬，又希望能够得到理解和尊重，向往平等和谐的组织氛围，十分注重组织公平感。

二、职业成就感

职业成就感是指一个人在工作中，为自己所做的工作感到愉快或成功的感觉。职业成就感是新生代努力工作的重要动机。行为科学认为，人的各种需求是由一定的动机引起的，而动机又产生于人们本身存在的需要。美国心理学家马斯洛于1943年在《人类激励理论》中认为人类具有自我实现的需要，这种需要就是"人希望越变越完美的欲望，人要实现他所能实现的一切欲望"，具体表现为尽力发挥自己的才能，做出力所能及的最大成就。同时麦克莱兰提出的三种需要理论（three needs theory）也认为，人们具有成就需求，他们天生具有想要达到标准、追求卓越并获得成功的欲望。根据马斯洛的需要层次理论和麦克莱兰的需要层次理论，成长于改革开放、市场经济迅猛发展时代的新生代，他们的生理需求和安全需求从小就得到了极大的满足，他们更渴望满足自我实现或成就需要等更高层次的需求，具有更强的职业成就感。同时相关研究也表明，新生代具有自我实现的工作价值观，袁欣怡和丁婉玲（2016）通过实证研究发现,"90后"创业者具有包括社会责任感、兴趣导向、个性追求和自我实现等四个维度的职业价值观。

"90后"创业者选择创业的根本目的就是实现自我价值;姚辉和梁嘉祺(2017)通过实证研究发现,新生代员工具有包括工作氛围、自我实现和薪酬福利三个维度的工作价值观,自我实现的工作价值观使新生代表现出强烈的自我主义色彩、自主张扬的性格特点,因此他们在工作中十分注重自我情感的满足与自身价值的体现。

三、工作生活平衡

工作生活平衡,又称工作家庭平衡计划,是指组织帮助员工认识和正确看待家庭同工作间的关系,调和职业和家庭的矛盾,缓解由于工作家庭关系失衡而给员工造成压力的计划。相比于他们的父辈,成长于市场经济迅猛发展时代、几乎是"互联网原住民"的新生代更注重工作与生活平衡,他们认为工作不是生活的全部,也不是生活乐趣和幸福的唯一来源,在他们的工作价值观里,工作是为了更好地休息。同时,新生代更希望从事有趣味性、挑战性的工作,但又不想因繁忙的工作而牺牲自己在休闲、爱好、社交、教育等方面的时间,打乱自己的生活安排。根据全球雇主品牌咨询公司 Universun 的一项调查,2017年有 50.6% 的中国大学生把"生活与事业平衡"作为职业目标,该数据比 2016年的调查数据增加了近 10%。随着时间的推移,新生代对工作家庭平衡的重视程度正在逐年上涨。

四、职业长期发展

耶鲁大学克莱顿·爱尔德弗发展了马斯洛的需要层次理论，提出了需要的ERG理论。该理论认为人类具有成长需要（growth），该需要是指个人自身成长和发展的内在愿望，包括马斯洛尊重需要的内在部分和自我实现需要。成长需要能够激励员工创作性地、有效地改变自身和环境，它的满足来自个人能力的充分发挥或者拓展新的能力。新生代是成长于科学技术日新月异、网络和信息技术不断更新的时代中的新生群体，他们是天生的网络一代，具有精湛的技术，精通互联网各项技能；他们还出生在全球化挑战愈演愈烈的时代，这使他们拥有更开放的价值观，更独立的人格特质，更追求工作生活平衡。同时相关研究也表明，新生代具有长期发展的工作价值观，如李燕萍和侯烜方（2012）发现新生代希望能够在工作中提升能力，得到职业长期发展。

五、和谐融洽的组织氛围

马斯洛的需要层次理论认为人类具有社交需要，即感情和归属的需要，包括友谊、爱情、归属感等各方面的需要。克莱顿·爱尔德弗的ERG理论认为人类有关系需要，即维持重要人际关系的愿望，包括与他人的联系以及在相互交流思想和感情中获得满足，这类需要和马斯洛的社会需要、尊重需要中的外在部分相对应。麦克莱兰和他的助理提出的三种需要理论中也认为，人们具有归属需要，即建立友好和亲密的人际关系的愿望（《管理学》罗宾斯）。受到计划生育政策的影响，新生代员工大多数都是独生子女，是家里的"小皇帝""小公主"，从小到大吃穿不愁，这使他们更加以自我为中心，心理承受能力更差，因此他们更渴望实现工作生活平衡，渴望和谐融洽的组织氛围，期待拥有和谐的人际关系。同时相关研究也表明，新生代具有工作氛围的工作价值观，如姚辉和梁嘉祺（2017）通过实证研究发现，工作价值观的工作氛围维度使得新生代特别重视上级对他们工作表现的认可以及对他们全面发展的指导，同时也看重员工间的交流，希望形成良好的人际关系，非常重视自己与组织的融合。

📖 读一读

新生代员工的工作价值观

学者李燕萍和侯烜方运用扎根理论，通过搜集并分析不同群体对新生代员工工作价值观的评论，构建了新生代员工工作价值观结构体系，他们发现新生代员工的工作价值观结构包括自我情感、物质环境、人际关系、革新特征四个维度。

维度一：自我情感

由于受独特的时代背景和家庭环境的影响，新生代员工更以自我为中心，注重自我感受，他们追求自由、思想独立且个性张扬，渴望得到个性化管理，而不愿受到过多约束。因此，他们喜欢富有新鲜感且多样性的工作，能够接受跨区域甚至跨国工作。出于对工作与生活的平衡的需要，他们不再认为工作是生活的全部，并不会完全投身于工作事务中，而是凭着工作兴趣，随性而快乐地享受生活，并从工作中获取充实感和自我成就感。

维度二：物质环境

随着生活成本和竞争压力日趋加重，薪酬福利和工资待遇同样也是新生代员工择业和跳槽的重要影响因素。但由于经济的发展以及家庭环境的改善，他们对这方面的短期期望值相比于非新生代员工来说更加理性，他们更看重企业的品牌知名度，同时会考量行业风险，以期望在将来能够获得更好的职业发展空间，得到更丰富的工作经验，构建高质量的社会网络。

维度三：人际关系

受西方文化和个人成长环境的影响，新生代员工更看重人际的公平，在工作中追求民主平等，他们希望能够在拥有良好的企业文化和工作氛围的企业工作，同时渴望得到他人的尊重和理解，获取领导的足够重视。但是张扬自由的个性，又使他们往往缺乏企业忠诚度、责任感和自律性，因此他们通常只忠诚于自我内心感受。

维度四：革新特征

在全球化挑战加剧时代中长大的新生代员工更加追求生活多样性，他们喜欢新鲜感，对新事物和新知识有较强的接受能力，注重网络信息获取，具有典型的网络化特征。这造就了他们往往能够产生新颖独到的想法构思和创新思路，具备较强的创造力和想象力。

第二节 公司现有的激励机制

激励机制是指通过特定的方法与管理体系，实现员工对组织及工作的承诺最大化，以调动其工作积极性、主动性和创造性的过程。具体来讲，激励机制是在组织系统中，激励主体系统地运用多种激励手段并使之规范化和相对固定化，而与激励客体相互作用、相互制约的结构、方式、关系及演变规律的总和。激励机制可以分为物质激励和精神激励两大块，公司现有的激励机制主要集中在物质激励这一层面，包括工资和福利两大块，精神激励方面有所欠缺。

一、"千篇一律"的物质激励

物质激励，又称外在激励，是指运用物质的手段使员工得到物质上的满足，从而进一步调动其工作积极性、主动性和创造性的一种激励方式。公司现有的物质激励通常包括给员工提供资金、奖品等，一般有基本工资、绩效工资和福利等形式。

（一）基本工资

基本工资是指根据员工提供的劳动的数量和质量，按照事先规定的标准给予员工的相对稳定的劳动报酬。其中基础工资金额相对固定，无论年龄、工龄、学历、职称、职务、技能、用工形式等情况如何，均按同一标准执行。基本工资主要包括小时工资、月薪和年薪等形式，一般情况下，基本工资应该占总工资的主要部分，根据不同的岗位占总工资的比例不同。公司现有的物质激励一般都包括给员工提高基本工资。

（二）绩效工资

绩效工资，又称奖金，是与员工的工作绩效相挂钩的工资，一般根据工作成绩和劳动效率，按照事先规定的标准给予员工的相对灵活的劳动报酬。用马克思的三种劳动论来说，绩效工资主要是根据员工的第三种劳动即凝固劳动来支付工资，是典型的以成果论英雄，以实际的、最终的劳动成果确定员工薪酬的工资制度，主要有计件工资制、佣金制等形式。但在实践中，由于绩效的定量不易操作，所以除了计件工资和佣金制外，更多是指依据雇员绩效而增发的奖励性工资。以海底捞为例，海底捞会给予先进员工、标兵员工每个月80元奖励，给予劳模员工每个月280元奖励，功勋员工每个月500元奖励。

（三）福利

福利是指员工在组织中获得的间接报酬，是组织对员工生活（食、住、医疗）方面的照顾。在福利方面，公司一般会给员工提供法定福利，法定福利是政府要求企业为雇员提供的一系列保障计划，由企业和雇员分别按工资收入的一定比例缴纳社会保障税，其目的在于降低受了严重工伤或失业的工人陷入贫困的可能性，保障他们的被赡养人的生活，以及维持退休人员的收入水平。我国的法定福利项目有医疗保险、失业保险、养老保险、工伤保险和生育保险以及住房公积金，俗称"五险一金"。一般情况下，只要是正式员工都可以在公司均等地享受法定福利。

二、"万里无一"的精神激励

精神激励，又称内在激励，是指精神方面的无形激励，包括向员工授权、认可员工的工作绩效、评选优秀员工、为员工提供学习和发展的机会，以及帮助员工制订个性化的职业生涯发展规划等形式。公司现有的激励机制在精神激励方面明显存在不足，需要引起足够重视。

📖 读一读

海底捞的特色福利制度

成立于1994年的四川海底捞餐饮股份有限公司，是一家以经营川味火锅为主，融汇各地火锅特色为一体的大型跨省直营餐饮民营企业。公司自成立之日起，始终奉行"服务至上，顾客至上"的理念，以贴心、周到、优质的服务，赢来了纷至沓来的顾客和社会的广泛赞誉。公司高扬"绿色，健康，营养，特色"的大旗，致力于在继承川味原有的"麻，辣，鲜，香，嫩，脆"基础上，不断开发创新，以独特、纯正、鲜美的口味和营养健康的菜品，赢得了顾客的一致推崇和良好的口碑。除此之外，海底捞的特色员工福利制度也为业界所称道，主要有以下几个方面。

特色福利一：员工家庭福利

海底捞会给每个店长的父母发工资，每月200元、400元、600元、800元不等，子女做得越好他们父母拿的工资会越多。同时优秀员工的一部分奖金，由公司直接寄给父母。此外，在海底捞工作满一年的员工，若一年累计三次或连续三次被评为先进个人，该员工的父母就可探亲一次，往返车票公司全部报销，其子女还有3天的陪同假，父母享受在店免费就餐一次。

特色福利二：员工住宿福利

海底捞的员工宿舍与门店距离步行不超过20分钟，宿舍都是正式小区或公寓中的两、三居室，宿舍内配备电视机、洗衣机、空调、电脑、网络。同时海底捞还会给员工提供免费家政服务，安排专门的保洁员该员工打扫房间，工作服、被罩的洗涤外包给干洗店。此外，若夫妻二人共同在海底捞工作，门店还会给他们提供单独房间。

特色福利三：员工假期福利

海底捞所有店员均享有每年12天的带薪年假，公司会提供回家往返的火车票。除此之外，凡在海底捞工作一年以上的员工可以享受婚假及待遇；工作满3个月以上的员工可以享受父母丧假及补助；工作3年以上的员工可享受产假及补助。

特色福利四：员工津贴或补贴

海底捞会给大学生提供专享学历补助，具体来讲，普通本科学历的大学生每月1200元,"985"或"211"毕业的大学生每月2000元,凭全日制毕业证书即可领取补贴,共补贴6个月。此外,凡在海底捞公司工作满三年的员工,其子女均可享受每年2000~5000元不等的教育补贴。

第三节 "与时俱进"的动机激励

一、"因人制宜"的个性化激励

行为科学认为,人的各种需求是由一定的动机引起的,而动机又产生于人们本身存在的需要。个体因素直接影响个体行为的内在动机,是个体工作意愿、工作行为和工作绩效的最直接最重要的影响因素;同时因为每一代人都具有独特的时代背景和成长环境,这必然会导致新生代和非新生代的个体因素存在显著差异。因此针对新生代的个体因素对其实行个性化激励就显得尤为重要。

(一)尊重并利用新生代员工的个性特征

个体的人格特质是其行为的重要影响因素,具有不同人格特质的个体在相同情境下面对同样的问题会采取不同的行为;而且相关研究也表明,新生代与非新生代在人格特质方面存在显著的代际差异,新生代的人格特质倾向于表现为外倾性和经验开放性,这些人格特质使得他们更容易接受和学习新事物,表现出求新求变的特点,因此企业在制定激励新生代的相关政策时,必须考虑到他们独特的人格特质。

1. 情绪智力

情绪智力，又称情商（emotional quotient，EQ），通常是指情绪商数，主要是指个体在情绪、意志、耐受挫折等方面的品质，是心理学家们近年来提出的与智商互补的概念。但是情绪智力跟智商不同，个体情绪智力的高低并不是天生的，实际上人与人之间的情绪智力并无明显的先天差别，它与后天的培养息息相关。简单来说，提高情商是把不能控制情绪的部分变为可以控制情绪，从而增强理解他人及与他人相处的能力。学者萨洛夫和梅尔（Salove，Mayer，1990）认为，情绪智力反映了个体在情绪和情感方面的认知、促进、理解和管理能力。目前，学术界普遍认为情绪智力结构包括能力、混合、胜任力和人格特质等4个方面。关于情绪智力与工作行为的研究，学者盖伊和李（Guy，Lee，2015）认为情绪智力能够影响员工行为、预测工作绩效，拥有高水平情绪智力的员工是企业追求卓越过程中必不可少的因素。

出生于独生子女家庭的新生代要么是家里的小皇帝、小公主，从小备受宠爱；要么父母出门在外打工挣钱，从小留守在家，缺乏父母关怀。因此新生代普遍呈现出情绪不稳、容易冲动的人格特质，情绪智力水平相对较低，行为表现容易受到外部环境影响。具体来讲，在"自我认知"维度，新生代员工具有较强的自我意识和独立人格，更注重工作自由度和个性化需求，他们很清楚自己想要什么。因此他们往往个性鲜明，随性自我，当工作和生活处于顺境时，往往充满希望、纵情释怀；当工作和生活处于逆境时，则表现为易于浮躁失落、焦虑不安。在"关系管理"维度，因为新生代大部分是独生子女，从小备受宠爱，几乎没有遭遇过重大挫折，所以往往以自我为中心，缺乏集体意识和合作意识。因此新生代一方面追求个性、求新求变；另一方面希望能和同事保持良好沟通，希望拥有良好的人际关系，渴望和谐融洽的组织氛围。"情绪调节"维度反映了新生代如何在"自我认知"和"关系管理"方面寻求平衡，以及由此产生的情绪表现。

鉴于情绪智力对新生代的工作行为和工作绩效的重要性，企业在制定激励新生代的相关政策时，必须考虑到他们的情绪智力的不同维度的具体表现，及各个维度对工作绩效的不同影响。大部分新生代员工处于职业成长期，具有很强的可塑性，而且情绪智力在很大程度上取决于后天的培养，因此企业要注重对新生代员工情绪智力的引导和培养，如企业可以开展新生代员工情绪管理培训，加强新生代的情绪智力开发，提升员工培训质量。同时，又因为新生代员工情绪智力水平相对较低，工作行为表现容易受到外部环境影响，所以企业还应该落实配套的组织支持措施，进一步提升劳动关系质量，如打造符合新生代员工价值偏好的组织支持计划等。

2. 大五人格

托普斯（Tupes）和克里斯托（Christal）于1961年提出大五人格模型是被心理学界广泛认可的最有影响力的人格结构理论之一，大五人格包括外倾性、神经质、宜人性、尽责性、经验开放性五个人格特质维度。经验开放性，一般描述为想象力丰富的、富于创造性的，同时又是好奇的、聪明的，是大五人格中唯一与智力有关的人格特质。新生代是成长于科学技术日新月异、网络和信息技术不断更新的时代中的新生群体，他们是天生的网络一代，从小就耳濡目染，在互联网世界中成长起来；同时，他们还出生在全球化挑战愈演愈烈的时代，更容易接触到世界各地的文化和风土人情，开拓了全球化的视野，因此更容易接受和尝试新事物，更具有创新精神。与此同时，学术界对新生代的大五人格也做了相关研究，如马俊生（2016）认为新生代知识型员工更倾向于表现出外倾性、尽责性和经验开放性的人格特质，但是相比于非新生代员工，他们在宜人性和情绪稳定性维度上表现较差。经验开放性得分更高的新生代会表达出较多的想法与观点，这会促使他们表现出较多的创新行为，更具有创造性，心胸开阔，愿意尝试新鲜事物，且行动力较强。且有实证研究表明，新生代的大五人格特质会对新生代的自我效能感产生影响，进而影响工作行为。

因此，企业在管理和激励新生代时，要根据他们的大五人格特征采取针对性的激励措施，进而改善他们工作行为，提高工作绩效。新生代更倾向于表现出外倾性、尽责性和经验开放性的人格特质，但是相比于非新生代员工，他们在宜人性和情绪稳定性维度上表现较差。因此，企业在管理新生代员工时，应该尊重并接受新生代员工的外倾性、尽责性和经验开放性人格特质，在工作中对他们充分授权，给予他们更多的责任和工作自由度，允许他们尝试新事物和新工作；同时针对新生代的宜人性和情绪稳定性表现较差的情况，企业应该营造宽松自由的工作环境，尽量不给他们太大压力，让那些具有高度神经质特征的员工参与压力预防和管理计划，同时组织还应该进一步完善员工援助计划，组织调节和管理工作场所负面情绪等方面的培训，提供心理咨询和娱乐场所等。

（二）与新生代员工建立"心链接"

1. 工作价值观

工作价值观指员工在工作过程中对工作原则、工作伦理和工作信念的整体认知，是他们在工作场所遇到问题时采用的明辨是非及确定偏好的标准。相关研究表明，新生代的工作价值观会通过工作偏好、内在动机等相关因素对他们的工作行为、工作绩效和工作满意度产生影响，如李燕萍和侯烜方（2012）基于扎根理论，发现新生代多维度的工作价值观会通过工作偏好对他们的积极在职行为或消极离职行为产生影响。胡翔等（2014）通过实证研究，发现在组织公平的正向调节下，新生代员工的工作价值观通过心理意义和自我效能感的中介作用会对工作满意度产生积极和消极的双重影响，具体表现为他们的外在偏好、内在偏好、人际和谐、创新导向、长期发展的工作价值观对其工作满意度均有显著的积极影响，即这些工作价值观表现得越明显，新生代的工作满意度越高；功利导向价值观对其工作满意度有消极影响，即新生代的价值观越具有功利性，其工作满意度就越低。

因此，企业首先要了解并尊重新生代的工作价值观，虽然新生代的功利主义价值观有时会导致忠诚度低或消极怠工行为，但是大部分新生代的工作价值观都是积极向上并有利于组织长期发展的。所以，企业在激励新生代时，一方面要加强引导新生代员工的积极在职行为，要充分利用那些有利于员工产生积极工作行为工作价值观，如创新导向和长期发展工作价值观，加强企业管理者对创新的支持力度，为新生代打造创新平台，给新生代提供人力、财力、物力和技术等方面支持，帮助新生代员工制订职业生涯规划等。另一方面还要积极引导新生代的功利主义价值观，促进新生代的组织社会化进程，使其工作价值观与企业文化和价值观相吻合；同时还要加强对新生代的情感支持，如为新生代提供必要的帮助，使他们能够正视自我，在工作中找到存在的意义，进而提升工作和生活体验。

2. 自我效能感

自我效能（self-efficacy），是指个体认为自己能够完成工作任务或成功做成某事的自我评价与信念。自我效能又分为一般自我效能和特定自我效能，一般自我效能泛指在职场中个体对自己能够否在相关领域取得成功的自我评价与信念，特定自我效能感则体现了个体对特定工作任务能否有效达成目标的自我评价与信念。个体的自我效能越高，越有信心能够在工作或生活中获得成功。相关研究表明，新生代在工作中的自我效能感，能够直接或间接地影响员工的工作意愿，进而影响工作行为和工作绩效。如胡翔等（2014）通过实证研究，发现相比于男性员工，新生代女性员工对人际需求和谐的需求更高；同时，在人际公平感的正向调节作用下，她们的人际和谐需求会通过自我效能感对她们的工作满意度产生影响，即女性员工感知的人际公平感越高，人际和谐需求对工作满意度的正向影响越强烈，而较低的人际公平感会削弱人际和谐需求对工作满意度的正向影响，甚至使其变成负向影响。与此同时，自我效能感在新生代员工激励机制中还可以作为影响因素，如张伶和连智华（2017）通过实证研究发现，新生代员工的自我效能感知会通过社会支持的媒介作用对创新绩效产生显著影响。

自我效能感对于个人最终取得成功非常重要，大部分在历史上取得卓越成就的人，都具有极高的自我效能感。英国畅销作家 J. K. 罗琳（J. K. Rowling）

写的小说《哈利波特与魔法石》（*Harry Potter and the Philosopher's Stone*）在被伦敦一家小型出版社接纳之前，曾经遭到12家出版社的拒绝。美国著名动画大师、企业家举世闻名的迪士尼公司创始人华特·迪士尼（Walt Disney），在成名之前竟然被一家报纸的编辑以"缺乏想象力"为由解雇。号称"飞人"的著名篮球运动员迈克尔·乔丹（Michael Jordan）上高中时居然被校篮球队拒之门外。但是他们最终都在那个领域取得了不朽的成就，自我效能感是取得如此骄人的成绩的重要因素。

因此，企业在激励新生代员工时，一方面，应该采取各种措施培养新生代的自我效能感，如通过通过高自我效能感员工分享的成功经验、自我效能感培训提高新生代的自我效能感，必要时还可以对自我效能感较高的新生代进行适当授权；另一方面，企业应该充分考虑新生代女性比男性重视人际和谐的特点，鼓励新生代女性寻求和建立和谐的人际关系，企业还可以直接对新生代女性直接激励，鼓励其发挥在人际交往方面的特长，提升其职场工作的自信心，从而增强其工作满意度。

3. 工作期望

工作期望是指员工基于所处工作环境而产生的对未来工作状态的一种目标或理想，它会受到员工过去和现在经历的影响。工作期望作为激励机制的重要组成部分，包含要求和资源双重属性，一方面，工作期望是员工对自己的工作要求，能够刺激其寻求并投入更多的工作资源从而尽快达成工作目标，进而提高工作满意度；另一方面，工作期望又属于员工个体的积极心理资源，能够降低自身负面情绪，削减工作倦怠行为。相关研究表明，新生代比非新生代更容易产生对美好生活的向往，并愿意为之付出更多的时间和精力，同时新生代的工作期望影响他们的工作态度，进而影响工作绩效和工作满意度，具体表现为高工作期望的新生代的幸福感会显著高于低工作期望的新生代。王聪颖和杨东涛（2017）通过建构"期望－情绪－态度－行动"理论模型发现，把工作期望和现实工作状况进行比较，并将其工作状况与同行进行比较，让新生代员工感受到期望差距，这样会使他们产生积极或消极情绪，进而影响他们的工作态度、工作行为和工作绩效。

新生代在入职前后的工作期望差异会对他们的工作态度产生很大影响，进而影响工作绩效和工作满意度。因此为了降低新生代入职前后的工作期望差异，一方面，企业在招聘新生代时可以采取现实工作预览的方式，尽量实事求是地呈现有关组织文化、组织支持和工作内容和薪酬福利等方面的信息，展现出更加真实的企业形象，使新生代员工在进入企业之前能够充分了解和评估个体与组织的匹配程度，尽可能减小新生代入职前后的工作期望差异。另一方面，企业要加快新生代的组织社会化进程，提升他们对企业的认同感和归属感，积极引导新生代形成合理的工作期望，提升他们的工作体验感，以及对未来美好生活的期望，激发其努力工作的内部冲动。

二、情境因素

（一）做合格的"领头羊"

1. 领导风格

领导风格是指领导者经验化的行为模式，来源于领导者的自身人生经历以及多年的领导实践，具有较强的个性化色彩。领导模式的有效性会受到领导行为发生时的外部环境的影响，而且领导模式并不是一成不变的，领导者可以根据不同的情境调整领导风格。在工作场所中，领导是除了同事之外会对新生代员工产生重要影响的角色，同时又因领导者拥有权力，其领导风格对新生代员工的影响是显而易见的。相关研究表明，新生代员工注重职业成就感，崇尚自由和自我实现，同时偏好宽松自由的工作环境，而包容型领导、服务型领导等领导风格有助于形成良好的领导成员关系，满足新生代员工职业成就感等心理需求，进而对新生代员工产生激励作用，有助于他们产生积极工作行为，提升工作绩效。如方慧等（2018）通过实证研究发现，服务型领导对新生代员工的幸福感有显著正向影响，还通过自主需要和归属需要满足的部分中介作用影响新生代员工幸福感，其中自主需要满足比归属需要满足对新生代员工幸福感的中介效应更为显著。

根据情境领导理论，领导风格并不是一成不变的，领导者可以针对下属的不同成熟度，选择适合的领导风格，即领导者首先要判断新生代完成工作的能力和工作意愿，然后据此调整自身的领导模式。新生代成长于科学技术日新月异、网络和信息技术不断更新的时代，他们是天生的网络一代，他们具有较高的计算机水平和专业技术能力；同时又受到计划生育政策的影响，他们大多数都是独生子女，从小备受宠爱，这使得他们更加以自我为中心，追求个性自由，不盲目崇拜权威，但是缺乏集体精神和团队精神，心理承受能力差，容易情绪波动。因此，当新生代工作意愿较低时，领导者应该采取参与型领导模式，通过自身的支持行为激发员工的工作热情；当新生代在工作和生活中遭遇逆境时，领导者应该采取能更好地融合人与事、适应管理复杂性的包容型领导模式，包容并引导下属的个性特征,允许新生代犯错,并给予他们物质和精神上的鼓励与支持。

2. 参与式管理

参与式管理起源于"社会人"假设,该理论主张员工可以根据自身能力和职位高低,在不同程度上参与企业决策,进而帮助有效信息在组织内顺畅流动。参与式管理不仅包括信息交流,更大程度上是一种系统管理方式,具体来讲,参与式管理是一个包括信息分享、知识发展和培训、报酬系统、权力分享的四维结构模型,这四个维度也是参与式管理的四种基本机制。相关研究表明,参与式管理能够满足新生代员工的自我管理和自我实现需求,进而激励新生代员工产生积极的工作行为,提高工作绩效。如谢玉华和张群艳(2013)通过实证研究发现,在参与管理意向、参与监督意向和参与决策意向等参与意向的正向调节作用下,新生代参与管理、参与监督和参与决策能对他们的工作满意度产生显著正向影响,其中参与管理对新生代的工作满意度的影响程度最高,其次是参与决策,最后是参与监督。

大部分新生代属于独生子女,他们大多以自我为中心,具有更强的主体意识,渴望对事物拥有更多的控制权,在工作中追求更高的工作自由度,重视工作生活平衡。因此企业在管理和激励新生代时,应该采取参与式管理的方式,一方面,应该重视员工参与企业的管理和决策,为员工创造更多的参与决策的机会,提升员工参与监督的执行力度,构建监督反馈系统;另一方面,管理者应该也认识到新生代员工更加强烈的参与意向,以及要求从低层次向高层次参与发展的参与意愿,满足新生代员工的自我管理和自我实现需求,有助于提升新生代的敬业度和工作满意度,进而促使新生代员工产生积极的工作行为,提高工作绩效。

3. 企业导师制

企业导师制是指组织中富有经验、技能的资深者与经验不足但有发展潜力的员工之间建立起来的一种支持性发展关系。这种指导关系实际上是一种合作和互惠的关系，一方面导师对员工的指导行为能够促进员工的职业成功，另一方面导师对员工的指导又可以促进其自身技能的发展。具体表现为导师既可以给员工提供职业支持，以便有效帮助他们快速适应组织规范，加快他们的社会化进程，并帮助其进入非正式组织或权力机构，为其长期的职业生涯发展奠定基础；又可以提供社会心理支持，帮助员工解决人际关系问题，减轻员工在处理工作问题时承受的各种心理压力。相关研究表明，在导师提供有效的职业与社会心理支持的情况下，新生代的职业承诺、工作满意度、晋升机会满意度和组织承诺水平会更高，同时他们的离职倾向会更低。如陈汇和张光磊（2017）发现，四阶段的导师制可以促进新生代员工的组织社会化进程，但是导师需要保持对新生代的关注，及时地咨询与调解新生代员工可能同时存在的人际交往冲突和工作冲突问题。

大部分新生代属于独生子女，要么在家备受宠爱，很少经历挫折和失败；要么孤独留守，缺少父母关怀，因此普遍情绪较不稳定，心理素质较差，心理承受能力低。尤其是进入组织初期，新生代因为不适应新的环境而出现离职的现象屡见不鲜。为了加快新生代的社会化进程，减少新生代的离职问题，企业在管理新生代时可以采取企业导师制，但同时也要看到企业导师制的两面性。一方面，要充分发挥企业导师制的积极影响，选择合适的企业导师为新生代提供有效的职业支持和社会心理支持，及时发现并解决新生代在工作生活中遇到的问题，为其日后的职业发展奠定基础，进而提升新生代对企业的认同感和归属感；另一方面，也要看到企业导师制的消极影响，及时发现并解决破坏性的导师关系，以免负面的指导经历对新生代的生理、心理及职业发展造成阻碍。国内不少知名企业，如华为等都对新员工采取"师傅带徒弟"的做法。

4. 游戏化管理

游戏化管理是指将电子游戏中的设计元素和设计原则应用到企业对于员工的管理激励过程之中，以实现对于员工、尤其是年轻员工的有效激励和管理的一种管理方式。电子游戏的巨大魅力在于它能够充分调动玩家的内生动机，使其在玩游戏的过程中既能够充分发挥自身的创造力，又表现出极大的耐心、以至于废寝忘食。而传统的激励手段在新生代员工管理过程中失灵的原因，很大程度上就在于忽视了新生代更看重内生动机而非金钱激励等外生动机的特征。值得注意的是，内生动机和外生动机并不是完全平行的两条激励路径，两者之间可以相互影响、相互转化，具体表现为外生动机对内生动机存在"挤出"与"挤入"两种效应，盲目地为新生代员工提供更丰厚的金钱激励，有时非但无法调动他们的工作热情，反而会降低其自我控制感和工作愉悦感。相关研究表明，采用游戏化管理能够满足新生代员工的自由平等和自我实现的需求，进而对新生代员工的工作行为和工作绩效产生激励作用。如耿天成等（2017）通过案例研究发现，游戏化管理对新生代员工具有激励作用，虚拟激励工具能够有效调动新生代员工工作的内生动机。

新生代员工成长于科学技术飞速变革，网络、信息技术不断更新的时代，他们偏好宽松自由的工作环境，更加看重内生动机而非金钱激励，这些内生动机包括工作吸引力、个人成长水平、心情愉悦度等因素。因此，企业在激励新生代时，可以采取游戏化管理模式，利用电子游戏的设计元素和设计原则打造全新的管理和激励机制，充分调动其努力工作的内生动机。

（二）成为新生代员工的"港湾"

1. 组织公平

组织公平感是指组织或单位内人们对与个人利益有关的组织制度、政策和措施的公平感受，包括分配公平、程序公平和互动公平（人际关系公平）三个维度。早在1965年，亚当斯就以组织行为学的视角运用社会交换理论探讨了分配公平问题，他明确指出公平感就是报酬数量分配的公平性，即结果公平。亚当斯提出的公平理论，从横向和纵向两个维度探讨并揭示了组织公平的重要性。他指出，人们会将自己收益和自己投入的比率与参照对象的比率进行横向比较，如果比值相等则产生公平感，反之则不具有公平感，进而采取积极工作行为或消极工作行为；同时人们还会将自己收益和自己投入的比率与过去的比率进行纵向比较，如果比值相等则产生公平感，反之则不具有公平感，进而影响他们的工作行为和工作绩效。一些学者提出的公平理论认为，分配公平关注的是个体分配的结果，一般用来预测与个体相关的态度或行为，如个体的离职倾向和消极怠工行为等；程序公平关注的是分配过程是否公平，一般用来预测与组织相关的态度和行为，如工作满意度和组织公民行为等；互动公平关注的是程序执行中的人际对待，一般用来预测与管理者相关的结果，如管理者承诺、领导成员关系等。相关研究表明，组织公平既提供了公平公正的决策过程等一系列有助于新生代专注于满足内在需求、激发创新行为的机会，又与新生代员工的工作价值观相契合，能增强新生代工作的意义感，促进新生代员工产生积极工作行为，进而提升其工作绩效和工作满意度。如张伶和连智华（2017）通过实证研究发现，组织公正的分配公平、程序公平和互动公平，会对新生代员工职业压力和创新绩效的关系产生积极影响，即新生代员工认为组织公正程度越高时，他们越能表现出更高的创新绩效，同时组织公正还分别对职业压力和社会支持产生部分被调节的中介效应。

新生代是成长于改革开放、市场经济迅猛发展时代的新生群体，他们的生理需求和安全需求从小就得到了极大的满足，他们更渴望满足归属、自尊和自我实现等更高层次的需求，普遍具有崇尚自由和自我实现的个性特征，更注重工作公平感工作价值观。因此企业在激励新生代员工时，要从分配公平、程序公平和互动公平（人际关系公平）三个角度着手营造公平公正的组织氛围和工作环境，采取多种方式和渠道使新生代感受到组织薪酬体系、规章制度和晋升机制是公平公正的，进而增强他对企业的认同感和归属感，以及通过努力改变当前不好的工作和人际关系的意愿和决心。

2. 沟通氛围

沟通氛围是基于认知心理学的发展，由描述环境刺激与人类行为间动态复杂关系的心理氛围演变至组织氛围，再由组织氛围分化而来的一个概念。作为主观感知的环境因素，沟通氛围是个体对组织内部信息活动及与信息活动相关的环境质量的一种主观感受；开放支持的沟通是工作场所学习、解决冲突及工作满意度的重要促进因素之一，也是组织成功的关键因素。相关研究表明，新生代具有追求自我、重视自我实现的个性特征，他们具有更强的主体意识，而良好的沟通氛围、信任开放的组织氛围能够充分满足新生代员工以上需求，进而有助于新生代产生积极工作行为，提升工作绩效。

新生代一方面追求个性、求新求变；另一方面又希望能和同事保持良好沟通，建立良好的人际关系，渴望上级主管能与自己面谈并得到鼓励肯定与提升，进而明确自己的工作目标和绩效表现。因此在激励新生代时，企业要以开放式的双向沟通了解新生代的需求和期望，领导者要主动和新生代沟通以了解其内心的想法以及需求的变化，注意应当营造轻松愉快的沟通氛围而不是摆出一副高高在上的姿态或者以说教的方式与他们交流，还可以设立总经理接待日、高管信箱、网络留言板等形式，方便员工与企业管理者之间的沟通。同时要建立畅通的沟通渠道，搭建有效信息平台，确保信息在各层次流动的质量，营造信任开放的沟通气氛。

3. 心理需求满足和人际和谐

美国心理学家马斯洛于1943年在《人类激励理论》中提出了需要层次理论，该理论认为人类的需要由低到高分为五个层次，分别为生理需要、安全需要、社交需要、尊重需要和自我实现需要。社交需要，即感情和归属的需要，包括友谊、爱情、归属感等各方面的需要。耶鲁大学的克莱顿·爱尔德弗发展了马斯洛的需要层次理论，提出了需要的 ERG 理论。该理论认为每个人都有三类核心的需要：生存需要（existence）、关系需要（relatedness）、成长需要（growth）。关系需要，即建立友好亲密的人际关系，维持重要人际关系的欲望，包括与他人的联系以及在相互交流思想和感情中获得满足感，这类需要和马斯洛的社会需要、尊重需要中的外在部分相对应。相关研究表明，新生代员工具有追求人际和谐的价值观维度，既希望满足自我情感需要，又向往平等融洽的工作氛围，同时满足新生代员工的心理需求和人际和谐需要，能够影响新生代的员工幸福感和工作满意度，进而提高工作绩效。赵宜萱和徐云飞（2016）通过实证研究发现，在内、外在理想重要性的调节作用下，工作特征能够通过心理需求满足的自主权、归属、与他人关系三个维度对新生代员工幸福感体验的生活满意度、实现幸福和享乐幸福三个维度的产生影响。

因此，企业在激励新生代时，可以从心理契约角度入手，识别和满足新生代员工的各种需求。心理契约具有动态性，它的实现本身就要经历一个动态的建立调整和实现的EAR循环过程，企业要通过日常观察、加强沟通以便及时发现新生代员工心理契约的变化，并针对变化采取新的激励措施、淘汰不再有效的激励手段。同时，企业也要注意到心理需求满足和人际和谐需求的性别差异，更多地关注女性员工的心理需求满足。

三、环境因素

（一）工作特征

赫茨伯格于1959年在他的著作《工作与激励》中正式提出了双因素理论（two-factor theory），也称激励-保健理论（motivation-hygiene theory）。该理论认为内在因素与工作满意度有关，而外在因素与工作不满意有关；该理论还认为"满意"的对立面是"没有满意"，"不满意"的对立面是"没有不满意"，两者的关系是二位连续体。内在因素即激励因素，激励因素是以工作为中心的，具体表现为对工作本身是否满意，个人在工作中是否有成就，是否得到重用和提升为中心。当具备激励因素时，可以起到明显的激励作用，当这些因素不具备时，也不会造成员工的不满。外在因素即保健因素，保健因素与工作的外部环境有关，是保证工作完成的基本条件。这类因素对员工的作用类似卫生保健对人们身体的影响，当具备保健因素时，并不能对员工起到激励作用，但是如果保健因素没有得到很好的满足，就会引起员工极大的不满。因此企业在激励新生代时，不仅要满足新生代员工对工作环境的需求，而且要注重满足新生代对工作的意义感和挑战性的需求，内外兼修提升员工满意度，进而改善其工作行为，提高工作绩效。

1. 多样化的工作设计

根据赫茨伯格的双因素理论，只有激发新生代对工作本身的热爱，才能真正调动新生代的工作积极性和工作热情；同时，西方的工作再设计理论也提出要把工作设计得更吸引员工的重要观点。因此管理者在激励新生代时，必须思考如何增强工作本身的吸引力、丰富性和挑战性，利用各种工作再设计的方法，设计出能够满足员工内在需求的工作体系。

（1）工作轮换

工作轮换作为培养管理技能的一种重要方法，不仅可以使员工的技术知识得到丰富，管理技能和能力得到提升，而且可以培养他们的团队协作精神和系统观念，提升他们的共情能力。同时工作轮换也是一种工作设计方式，主要分为管理工作轮换和非管理工作轮换。非管理工作轮换是指根据员工的个人经历和能力，让他们轮流在公司的不同环节工作，以便获取各种工作知识，熟悉公司各种业务，提升自身的综合素质。管理工作轮换是指在准备提拔某个员工时，先让他在其他部门工作，积累不同部门的管理经验，与各个部门建立良好的关系，了解各个管理部门在整个公司的地位、作用及其相互关系，为将来的管理工作打下坚实的基础。

（2）工作扩大化（job enlargement）

工作扩大化是指通过扩大工作范围，使工作横向扩展的工作设计方案。工作扩大化增加了一份工作所包含的任务数量以及这些任务的重复频率，可以使员工做更多不同的工作，减轻员工因工作过于细化和专业化带来的单调无聊之感。

（3）工作丰富化（job enrichment）

工作丰富化是指通过增加计划和评估责任使得工作纵向扩展的工作设计方案。工作丰富化加深了工作的深度以及个体对所做工作的控制程度，使员工在完成工作或任务的过程中拥有更多的自由、独立性、承担了更多的责任，感受到工作本身的激励和成就感。同时员工还可以通过工作丰富化及时获得反馈，他们可以根据反馈评估和改进自己的工作行为，进而提高工作绩效。

（4）工作特征模型（job characteristics model，JCM）

工作特征模型综合了工作扩大化、工作丰富化的优点，为管理者设计激励性工作提供了很好的参考框架。工作特征模型认为一个设计合理的工作应该包含五个核心维度，同时工作特征模型还明确指出了这五种核心工作维度的相互关系及其对员工工作绩效和工作满意度的影响。技能多样性（skill variety），指的是完成一项工作时员工需要利用的多种技能的程度；任务完整性（task identity），指员工完成工作的完整性和可辨识性程度；任务的重要性

（task significance），指工作对人们的工作和生活的实际影响程度；工作自主性（autonomy），指员工在安排工作内容、确定工作程序等方面的自由度、独立权和决定权的程度；工作反馈（feedback），指员工在完成工作的过程中，可以获得关于自己工作绩效的直接而明确的信息的程度。

一个良好的工作体系应该包括：趣味性、重要性、挑战性、可学习性、自主性、责任感、成就感、发展机会、晋升机会、技能的多样化、工作价值、工作反馈等多种因素。企业要设计出这种工作体系，首先，应该通过工作扩大化扩展工作的宽度。为了减少工作中的单调感，企业可以安排新生代进行工作轮换，加强他们在企业间的内部流动，使他们接触不同的同事和工作内容，增加和保持对工作的新鲜感；同时，新生代也可以通过工作轮换找到自己感兴趣的职位，掌握多种职业技能，提高综合能力和素质。其次，通过工作丰富化增加工作的深度。企业在激励新生代时，要充分利用他们更高的职业成就感和自我实现需求、求新求变的特点适当提高工作标准、增加新的工作内容，激发其工作斗志，满足他们不断突破自我的愿望；同时还可以考虑对新生代进行合理地授权，让其参与到企业的管理和决策过程中来，并且承担相应的责任，学会从上级的角度思考问题。最后根据工作特征模型，设计出包含技能多样性、任务完整性、任务的重要性、工作自主性、工作反馈等五个维度特征的工作体系，尤其要注重工作自主性和工作反馈维度，以满足新生代员工对工作自由度等方面的心理需求。美国3M公司在科研和技术人员的工作设计中专门制定了"15%规则"，即允许和鼓励他们拿出15%的工作时间去完成自己感兴趣的工作内容或尝试自己的创新想法，不管这些工作和想法是否直接对公司有利，这一举措极大地促进了员工创新行为和创新绩效。《快乐团队》的作者大卫·海姆萨斯曾指出："在工作中获得乐趣可以对员工的创造性、生产力、士气、满意度和持续力有显著的影响。也许在工作中获得乐趣并不是公司取得成功的惟一方法,但是保持愉快的工作状态这种管理策略的确是让员工高效工作的最重要的方法。"

2. 灵活的工作安排

随着科技的发展与进步,现在的人们已经可以在任何时间任何地点进行办公;同时,随着生活节奏的加快,大部分人们的生活就是家庭与办公室、工作与休闲的相互结合。灵活的工作安排不仅充分利用了现有科技成果,而且能够提高组织和人员配置的灵活性,进而提高员工的工作满意度。灵活工作安排的常见类型主要有以下三种。

(1) 压缩工作周(compressed workweek)

压缩工作周是指允许员工用少于五天工作制的天数完成其工作职责的工作时间安排。一般来讲,标准工作周要求员工每周工作五天,每天八个小时,一周工作四十个小时。在压缩工作周的制度下,保持周工作时数四十个小时,员工可以选择一天工作十个小时,这样一周就只需要工作四天。

(2) 弹性工作时间(flexible work hours)

弹性工作时间是指在完成每周必须完成的固定工时数量的前提下,员工可以在特定的限制范围内自由改变具体工作时间安排的工作排班体系。一般情况下,弹性时间安排会规定某些核心工作时间,并要求所有员工必须在这段时间内待在工作岗位上,但是给予员工自主安排上下班时间和就餐时间的自由。

(3) 远程办公(telecommuting)

远程办公是指允许员工在家办公,并通过电脑与公司办公场所相连的工作安排。远程办公能够给予员工充分的工作自由度，节省上班途中的时间和精力，还不用被人际关系和组织氛围所困扰，能够吸引和保留那些渴望更加自由与自我掌握的新生代。

新生代是成长于改革开放、市场经济迅猛发展时代的新生群体，他们追求个性、崇尚自由，向往宽松自由的工作环境；同时新生代又是出生在全球化挑战愈演愈烈的时代，这使他们拥有更开放的价值观，更独立的人格特质，更追求工作生活平衡，因此灵活的工作安排对于新生代员工来说就显得至关重要。根据相关研究，70%的员工更愿意从事远程工作而非在办公室工作。因此，企业可以根据新生代的个性特征和工作能力给予新生代不同程度的灵活工作安排，对于那些不太追求个性、工作绩效不太好的新生代员工给予压缩工作周等更低层次的灵活工作安排，对于那些更加追求个性、工作能力更强的新生代员工给予远程办公的灵活工作安排作为奖励。需要注意的是，在管理新生代时，企业还应尽量减少他们加班的几率，或者即使要加班也应当给以他们调休或加班工资等合理的补偿；在工作条件方面，应该赋予员工一定的工作自主性，使他们有时间思考新的想法并进行尝试。根据美国家庭与工作协会的一项公司调查结果，81%的公司如今已经为员工提供弹性工作福利。

2.现代化的办公条件

如前所述，天生的网络一代，他们具有较高的计算机水平和专业技术能力，这就使得他们对工作场所的办公条件比非新生代的要求更高，更加注重办公设施的体验感。而且根据赫茨伯格的双因素理论，办公设施属于保健因素，如果没有得到很好的满足，就会导致新生代极大的不满。因此企业需要利用高科技手段，创造现代化的办公条件，吸引并留住新生代员工，同时还要充分利用他们较高的计算机水平和专业技术能力，提升企业的服务质量和服务水平。

3. 工作特征匹配

个人组织匹配，又称PO匹配，是个体与组织的某种相似性或者契合。PO匹配一般表现为两种形式，一致性匹配与互补性匹配。一致性匹配指组织的文化、气氛、价值观、目标、规范等基本特征与个人的人格、价值观、目标、态度等基本特征上的相似；互补性匹配指个人和组织互相满足对方的需求。研究表明，当组织能够提供一种与个人特征相契合的组织环境时，员工会产生积极的体验以及情感，其水平高低与工作满意度和组织承诺有着正相关关系。PO匹配理论认为，组织的工作环境特征，例如组织的核心价值观系统、组织的奖惩晋升制度、工作对员工的要求等，会与员工的价值观、心理需求、工作能力等相结合，共同对员工的行为和态度产生深刻的影响，PO匹配能够促使那些有能力且有工作意愿的员工表现出组织期望的敬业行为。工作特征是影响员工工作幸福感的一个重要因素，工作特征理论主要用来预测在哪些工作条件下员工可以更好地获得工作上的成功，因此工作特征模型最早是用于工作动力研究的，这个模型也可以被看作是个人与工作环境匹配的模型。同时，相关研究也表明，PO匹配、工作特征匹配会对新生代员工的幸福感和离职倾向产生影响。如赵慧娟（2013）通过实证研究发现，PO匹配和职业延迟满足能显著影响新生代员工的敬业度，具体来讲PO匹配的需求匹配直接对新生代员工的敬业度产生影响，而价值观匹配和能力匹配在很大程度上通过职业延迟满足对新生代员工的敬业度产生影响。赵宜萱和徐云飞（2016）通过实证研究发现，工作特征对新生代员工的心理需求满足具有正效应，并通过心理需求满足对新生代员工的幸福感体验产生影响。

鉴于PO匹配和工作特征匹配的重要性，一方面，企业可以通过加强PO匹配管理，提升新生代对价值匹配、能力匹配和需求匹配的感知，促使员工更加专注于工作，积极奉献；另一方面，企业还要加强工作特征匹配，将新生代安排到和他们的价值观和能力匹配的工作上，做到人尽其才。

（二）物质精神"两手抓"的薪酬制度

从组织角度上讲，薪酬就是组织对员工的工作给予的酬劳和系统的激励措施；从员工的角度上讲，薪酬就是员工为某组织工作而获得的各种他认为有价值的东西。薪酬可以进一步划分为物质薪酬和精神薪酬。物质薪酬包括直接薪酬和间接薪酬，其中直接薪酬包括基本工资、津贴、奖金及激励三部分，一般用现金支付；间接薪酬包括福利和股权两部分，一般以非现金方式延期支付。精神薪酬又包括关注员工生活平衡、赞誉与认可、职业发展机会三部分。企业在激励新生代时，必须要在保证物质薪酬的基础上增加精神薪酬，做到物质精神两手抓，两手都要硬。

1. 物质薪酬

（1）公平合理的直接薪酬

新生代具有功利主义的就业观和工作价值观，追求工作公平感和职业成就感，一方面他们倾向于用收入来证明自己的能力与社会地位；另一方面他们也需要用收入来改变自己的生活状况。直接薪酬包括基本工资、奖金和激励计划、津贴和补贴三部分，它们的作用相当于赫茨伯格"双因素"理论中的保健因素，缺乏公平性或者结构不合理的直接薪酬必然会引起新生代强烈的不满，打击他们的工作积极性，进而使其产生离职意愿引发离职行为，因此公平合理的直接薪酬对于激励新生代来说至关重要。

（2）股权激励和弹性福利制度

间接薪酬包括福利和股权两部分，福利又进一步分为法定福利、企业福利、带薪假期三部分，股权激励又包括向员工提供股票、股份或股权三种。福利具有增加企业招聘优势、减轻员工税收负担、增强员工归属感和核心员工的留任意愿的功能。股权激励是一种激励性的长期报酬，能够将员工利益和企业利益挂钩，使员工和企业成为命运共同体，能够强化员工的主人翁意识，激发员工的工作积极性。因此企业在激励新生代时，可以在基本薪酬制度不变的情况下，设计专属于他们的弹性福利制度，允许他们在福利菜单中自由挑选适合自己的福利组合；对于那些能力很强的核心员工，还可以给他们提供股权激励，增加他们的归属感。例如，美国一些高新科技企业根据信息技术人才的需要，为他们提供免费洗衣、泊车、洗车、牙医服务等个人舒适型福利，以及在线学习、工作中学习等发展型福利以吸引并留住紧缺的信息技术人才。

2. 精神薪酬

（1）关注员工生活平衡

新生代成长于改革开放、市场经济迅猛发展的时代，而且他们中的相当一部分人是独生子女，生活压力较小，同时他们还身处于全球化挑战加剧的时代，具有更加开放的价值观念，更加独立的人格特质，他们往往更加看重工作与生活平衡而非单纯的物质激励,而且心理承受能力较差,遇到挫折时容易情绪化。针对新生代员工的这些特征,企业可以增设符合他们兴趣的娱乐设施和场所,如期刊阅览室、健身房、心理咨询室等,让他们可以在工作之余放松自己。此外,还可以组织开展各种娱乐活动,例如组织他们观看最新电影、去KTV唱歌、看演唱会、举办员工趣味运动会、定期进行国内外旅游等,帮助他们舒缓工作压力、真正做到劳逸结合。例如,海底捞为了平衡员工的工作生活平衡,提高员工的归属感,会非常关注每一位员工的饮食习惯,请家政公司为公司的员工服务,给员工父母发工资,允许业绩好的员工父母免费探亲。

(2)赞誉与认可

赞誉与认可是指承认员工的绩效贡献并对员工的努力工作给予特别关注。及时并合适地给予员工赞誉与认可,可以满足员工的内在心理需要,激励员工努力工作。根据实际需要,赞誉与认可包括口头表扬、书面表扬、授予荣誉称号等多种形式。

因此,企业在激励新生代时,一方面要设置公司主要工序和岗位全覆盖的荣誉奖项,如金银星级员工奖、先进集体及先进集体负责人奖、合理化建议奖等,让公司里每一位努力工作的员工都能够得到相应的荣誉与认可;另一方面还要根据各岗位的特征设置专项荣誉奖,如给技术岗位的员工设置技术创新奖等。从荣誉上认可员工为工作付出的努力,同时颁发奖金提供相应福利,让员工得到切切实实的好处。最重要的是要给予优秀员工直接及时的奖励,美国福克斯波罗公司的"金香蕉"奖就是一个很好的例子,后来金香蕉奖成为了该公司对科学成就的最高奖励。

（三）搭建新生代员工的"职业直通车"

相关研究表明，新生代具有长期发展的工作价值观，他们希望能够在工作中提升能力，强烈追求个人职业生涯的成长和发展，因此为新生代员工搭建"职业直通车"是激励新生代员工的关键一招。

1. 制订职业生涯规划

职业生涯规划（career planning），又叫职业规划、生涯规划或职业生涯设计，是指在针对个人职业选择的主观和客观因素进行分析和测定的基础上，确定个人的奋斗目标并努力实现这一目标的过程。换句话说，职业生涯规划要求根据自身的兴趣、特点，将自己定位在一个最能发挥自己长处的位置，选择最适合自己能力的事业。新生代员工都比较年轻，并且多处于职业发展的上升阶段，在事业上有拼搏和奋斗的激情；而且他们自身专业素质好、办公能力强，具备了很大的发展潜力。相较于非新生代员工，他们在工作上求新求变敢于创新，更希望在竞争激烈的环境中发挥个人优势、挖掘自我潜能，成就一番事业；但是同时，他们的心理承受能力较弱，心理素质较差，遇到逆境和挫折时，容易产生压力和焦虑。职业生涯发展规划既可以帮助新生代员工降低由于职业的不确定性所带来的焦虑感，并为员工追求职业成功提供方向指导，督促员工不断学习进步，进而实现自我超越；又可以提高员工对企业的认同感和归属感，进而提高忠诚度。

2. 提供培训和学习机会

新生代员工处于信息和技术日新月异的时代，传统的事务性职位将会很快消失，刚入职的大学生在大学时所学的知识将很快失去它的价值，当一个人的学习能力落后于环境的变化时就会被社会淘汰。因而新生代员工具有强烈的学习愿望，不仅是从书本中学习新知识，更多的是向实践学习新技能，做到学习的工作化，工作的学习化。在他们看来，企业有义务为自己提供成长和发展的机会，因此如果在企业中长期看不到发展的希望，他们就容易意志消沉，失去工作动力，消极怠工，甚至离职。因此公司在激励新生代员工时，应该增加培训的资金和人员投入，给他们提供多样化的培训和学习机会；除了制订公司层面的全员培训和学习计划外，还应该根据职业性质和员工特长制订工作与员工层面的个性化培训和学习计划，或者给新生代员工提供培训和学习资源，让他们根据兴趣各取所需。如建立免费的公司阅览室供员工阅读学习，提供网络学习资源等供员工在线学习。最后公司要关注将培训成果转化为员工的工作实践和工作能力，在培训体系的构建以及具体实施中以培训成果最大限度地转化为员工工作能力为出发点，通过管理层和新生代员工的共同努力，使培训效益最大化，进而提升员工的组织认同感和忠诚度。

3.纵向与横向相结合的职业发展通道

合理的岗位体系及配套晋升制度是职业发展通道发挥效率的重要保障，在纵向职业发展通道方面，公司目前主要采用的是管理和技术双通道的岗位体系，相较而言，双通道的设计比仅有管理岗位的单通道设计给员工提供了更多的提升机会。应该注意的是，公司在设计职业发展通道时，需要遵循合理的通道层次、恰当的通道宽度和不破坏直线职权等原则，还需要制定相应的绩效考核、工资、奖惩等配套制度，使岗位体系的激励作用得到贯彻落实。除了建立纵向的通道之外，公司还应该重视建立横向职业发展通道。对于新生代员工而言，横向通道具有纵向通道所不具备的保持工作热情、激发创造性等激励作用。美国学者库克（Kuck）通过对研究生参加工作后创造力发挥情况的研究，从创造力的角度论证了员工岗位流动，即建立横向职业通道的必要性。根据其研究，员工的创造性会随着工作时间而衰减，因此公司需要定期轮换员工的工作岗位以保持员工的创造性。员工的横向流动主要有两种方式，一是同类岗位之间的轮换，这种横向流动有助于培养员工的一专多能；二是生产和管理岗位之间的轮换，这种横向流动可以加深双方的理解与合作。

读一读

上饶移动激励新生代员工有"奇招"

针对新生代员工需求特点，上饶移动近年来逐步探索出一系列独具特色的激励措施，如"谷地"创新管理机制、周慧学院、梦想银行、践行先锋、心灵约会等，对新生代员工实行个性化激励。

奇招一："谷地"创新管理机制

"谷地"（Goodea）是"good idea"的音译，意为"播撒创新谷种、收获丰硕果实的沃土"，旨在"使公司成为员工、团队创新的沃土，迸发灵感的沃土"。上饶移动首先组建了跨部门、跨区域的虚拟创新团队——"谷地"创新协会，以实现搜集汇总、研究反馈、协调实施、效果评估和评比激励上饶移动全员各方面的创意；为实现全员知识管理，上饶移动还建构了一个量质并举的"谷地"

创新知识系统。公司会组织、策划一系列"谷地"创新讲坛活动、"谷地"创新沙龙活动,邀请相关专家举办讲座;公司还通过制作《"谷地"期刊》《"谷地"每周创新小故事》等电子刊物,宣传推广优秀创新建议、案例等内容,展示公司内外的创新成果;"谷地"创新协会还在全市移动范围内不定期地组织、策划一些与创新发展相关的竞赛活动,吸引员工参与其中。例如,开展征集《秋季校园营销案》活动,并组织 PK 辩论大赛等。

奇招二:周慧学院

"周慧学院"邀请全国劳模周慧担任名誉院长,周慧是中国移动学习型、知识型、技术型、创新型员工的模范典型代表、创新型科技领军人才。"周慧学院"具有科学系统的课程体系,规划了全员公共课程、专业技能课程、发展提升课程三大课程体系,以满足不同层次学习培训的需要;"周慧学院"具有科学系统的学院管理体系,根据岗位胜任要求,建立学习地图,包括学分修读计划、年度培训计划和专项培训计划;灵活多样的学习方式,学院根据课程特点、工作需要和时间安排,"周慧学院"还具有灵活方便地安排各类学习方式,随时随地满足各种学习需求,如通过面授、专题研讨、读书会线下学习,通过客户端、飞信课堂、论坛、网上学院在线学习等。

奇招三:梦想银行

上饶移动运用 PDCA 循环管理法构建"梦想银行"激励体系,帮助和指导各单位、各部门和全体员工开发梦想、实施梦想、关注梦想和实现梦想。计划(Plan),即建立梦想账户,包括分析现状,开发梦想等内容;实施(Do),即梦想投资，包括自我能力提升并追逐梦想等内容；查核（check），即梦想理财，包括将阶段性工作成果与梦想目标对比等内容；处置（action），即对实现梦想的结果总结分析并设定新目标，包括将未解决问题转入下一循环，努力实现梦想投资回报等内容。

奇招四：践行先锋

为表彰公司的优秀员工，上饶移动还设置了"现象上饶"践行先锋的奖项。首先是从各单位各地区的"先进工作者"中推荐践行先锋候选人，然后根据各个指标确定表彰人选，最后集体表彰践行先锋，给践行先锋写颁奖词。

奇招五：心灵约会

上饶移动2013年投资建设了上饶移动"MO派·七彩港湾"员工心灵放飞室，并配备空调、沙发、减压沙包等设施。为完善员工心灵放飞室的软件升级工作，上饶移动聘请了两名具有心理咨询师资质的员工组建了上饶移动员工心理健康辅导师队伍，帮助员工解决来自心灵内外部的压力、焦虑和困惑，同时还开展谈心交心、心理健康知识讲座、设立心理健康宣传专栏等活动，积极营造"快乐工作，健康生活"的良好氛围。

参考文献

陈汇，张光磊，2017. 双向选导情境下企业导师制对新生代新员工组织社会化的影响：基于A公司的案例研究[J]. 中国人力资源开发（02）：113-122.

方慧，何斌，张韫，马海英，2018. 自我决定理论视角下服务型领导对新生代员工幸福感的

影响 [J]. 中国人力资源开发, 35（10）: 6-15.

耿天成, 李朋波, 梁晗, 2017. 内生与外生动机视角下新生代员工的游戏化管理——以罗辑思维公司为例 [J]. 中国人力资源开发（06）: 108-115.

侯烜方, 邵小云, 2017. 新生代员工情绪智力结构及其对工作行为的影响机制——基于网络评论的扎根分析 [J]. 科技进步与对策, 34（10）: 111-117.

胡翔, 李燕萍, 李泓锦, 2015. 新生代女性员工的人际和谐需求与工作满意度 [J]. 武汉大学学报（哲学社会科学版）, 68（03）: 121-129.

胡翔, 李燕萍, 李泓锦, 2014. 新生代员工：心态积极还是忿忿难平？——基于工作价值观的满意感产生机制研究 [J]. 经济管理, 36（07）: 69-79.

李燕萍, 侯烜方, 2012. 新生代员工工作价值观结构及其对工作行为的影响机理 [J]. 经济管理, 34（05）: 77-86.

马俊生, 2016. 论新生代知识型员工的激励与管理 [J]. 山东社会科学（02）: 184-187.

王聪颖, 杨东涛, 2017. 期望差距对新生代知识型员工离职意向的影响研究 [J]. 管理学报, 14（12）: 1786-1794.

谢玉华, 张群艳, 2013. 新生代员工参与对员工满意度的影响研究 [J]. 管理学报, 10（08）: 1162-1169.

姚辉, 梁嘉祺, 2017. 新生代员工的工作价值观构成及对留职意愿的影响研究 [J]. 中国人力资源开发,（04）: 39-46.

袁欣怡, 丁婉玲, 2016. 90后创业者职业价值观维度结构研究及量表开发 [J]. 科技进步与对策, 33（14）: 142-148.

张伶, 连智华, 2017. 基于组织公正调节中介模型的新生代员工自我效能和创新绩效研究 [J]. 管理学报, 14（08）: 1162-1171.

赵慧娟, 2013. 个人-组织匹配对新生代员工敬业度的作用机理——基于职业延迟满足的视角 [J]. 经济管理, 35 (12): 65-77.

赵宜萱, 徐云飞, 2016. 新生代员工与非新生代员工的幸福感差异研究——基于工作特征与员工幸福感模型的比较 [J]. 管理世界 (06): 178-179.

ANAND P, JAIN K K, 2014. Big Five personality types & knowledge hiding behaviour: A theoretical framework [J]. Archives of Business Research, 2 (5): 47-56.

GUY M E, LEE H J, 2013. How EI mediates emotional labor in public service jobs [J]. Public Administration Review, 64 (3): 289-298.

SALOVEY P, MAYER, J D, 1990. Emotional intelligence. Imagination, cognition and personality, 9 (3): 185-211.

第五章

员工幸福感

不要试图去做一个成功的人,要努力成为一个有价值的人。

——艾尔伯特·爱因斯坦

> **学习目标**
>
> 1. 了解工作满意度的内涵
> 2. 掌握实现工作-生活平衡的方法
> 3. 掌握如何激励新生代员工

案例

海底捞是一家成立于1994年，以经营川味火锅为主、融汇各地火锅特色为一体的大型跨省直营餐饮品牌火锅店。近年来，海底捞以其独特的服务手段逐渐发展成为一种品牌文化现象，成为其他服务型企业效仿与学者研究的典范。海底捞的品牌文化主要有两大特点，第一点是特有的服务营销模式。海底捞十分注重客户体验感的提升，关注服务水平的提高，将客户视作上帝，它凭借其十分细致的服务模式在竞争激烈的餐饮行业中杀出重围并风靡全球，目前这样的服务型文化已成为海底捞的经典品牌形象。第二点是以人为本的员工管理模式。海底捞非常注重员工幸福感的建设，将员工视作家人。海底捞除了具有令员工满意的薪酬待遇，也具有如家一般的企业文化以及各种供员工学习与晋升的渠道。

海底捞的员工幸福感建设具体措施如下。

（1）良性的职业生涯管理体系。海底捞从员工的高层次需要出发，以"师徒制"方式对基层员工进行培训，给员工提供清晰的职业发展方向；同时，海底捞也努力营造公平竞争的环境，从而在一定程度上激发员工的工作积极性。

（2）授权型文化与宽松的工作环境。传统服务型企业往往限制了基层员工的权限，而海底捞不同于传统服务型企业。它基于满足提升客户体验这一要求，给予员工更多权力与工作自由度，如打折、换菜甚至免单等；并且，海底捞也积极鼓励员工在日常服务过程中积极创新。

（3）完善的薪酬与福利制度。海底捞的薪酬福利制度不仅仅是满足于员工的生存需求，而是通过给予员工亲人福利、给不同工作年限员工发放特殊奖励等方式满足员工更高层次的需求，让员工将企业看作自己的家。

（4）关注员工学习与成长。海底捞为员工提供了清晰且多样化的学习模式与晋升渠道。师徒制的学习模式帮助员工的服务水平与自身素质得到质的飞跃，并且满足了员工更高层次的需求与价值实现。

（5）关怀型文化与人本管理。海底捞对员工采取以人为本的管理方法，致力于打造家文化，试图通过彼此之间的情感纽带提升企业竞争地位。

分析海底捞员工幸福感建设措施后可知，提升员工幸福感的关键在于两个方面，一是提供员工的工作满意度，二是实现工作-家庭平衡。

第一节　工作满意度

进入21世纪之后，新生代员工逐渐成为企业员工队伍中的重要力量，在企业中发挥着越来越大的作用。相比其他年纪更大的员工，新生代员工一般受教育程度较高，学习能力更强，自我意识突出，思维独立，职业观和价值观更趋多元化。针对这部分员工，企业运用传统的管理手段往往难以达到令人满意的效果，不能满足新生代员工的需要，处理不当可能就会导致其工作满意度降低，工作积极性下降，甚至离职。

一、工作满意度的概念

工作满意度一直是组织行为学中的热点问题，被普遍作为组织的目标与衡量的标准。1935年，霍普波克（Hoppock）发表了第一篇有关工作满意度的研究报告，而霍桑实验开辟了新的管理理论研究点，它树立了新的管理哲学：组织应竭尽所能提高生产率与劳动力的工作满意度，从而维持生存和发展。早在1911年，泰勒就提出高报酬能提高满意度，高薪酬能获得高工作满意度；而赫茨伯格（Herzberg, 1959）认为报酬只是防止员工不满意的保健因素，只有工作成就感、社会认可等激励因素才是促使员工满意的关键。奥尔德弗（Aldefer, 1969）在马斯洛需要层次理论（hierarchy of needs theory）的基础上提出 ERG（existence needs, relatedness needs, growth needs）理论，认为只有当员工实现自己的愿望才能获得满意。洛克（Locke, 1976）认为工作满意度的构成因素包括工作本身、报酬、提升、认可、工作条件、福利、自我、管理者、同事和组织外成员10个因素。哈克曼（Hackman）和奥尔德姆（Oldham）的工作特性模式（job characteristics model）理论提出五个工作特性影响着三种心理状态，即具有技能多样性、任务一致性、任务重要性、自主性及反馈性等五个特征的工作会使员工产生"感受到工作的有意义性、感受到自己对工作的责任感、了解自己的工作活动所产生的结果"三种关键性心理状态，而这些关键的心理状态又会带来员工的低流动率、低缺勤率和高工作满意度，同时强化他们的工作绩效。JCM模式是评估及预测工作满意度的重要参考。随着时代的发展及研究的持续深入，管理理论研究也逐渐注重对组织层面的探讨。齐纳（Tziner）于1983年提出反映工作满意度最直接有效的模型就是员工与工作环境之间的匹配。随后斯特恩和威金斯（Stern, Wiggins, 1983）等人基于这一模型研究个体个性与组织之间的适应性。同时，巴特和格林豪斯（Bulter, Greenhaus, 1983）等人对个人价值观与工作特征、组织特征的匹配做了研究。

由于研究者背景的不同，对工作满意度的描述也各不相同，至今还未形成一个"工作满意度"的系统概念。但是根据学者们的研究结果也可得到关于工作满意度概念的四类描述。第一类是综合型概念,将工作满意度的概念做一般性解释,认为工作满意度是一个单一概念,侧重于员工对其工作本身及工作环境所持有的一种一般态度而不涉及工作满意度的各个方面和工作满意度形成的原因与过程。第二类是期望型概念,认为工作满意度源于员工在特定工作环境中所期望获得的价值与实际获得的价值之间的差距,只有当实际期望大于预期期望时才会产生满意。第三类是参考型概念,认为工作满意度是员工根据自己设置的参考框架对工作的特性加以解释后得到的结果,是员工对其工作参考维度的情感反应。第四类是层面型概念,认为工作满意度是员工对工作这一特殊层面的情感反应,而目前对工作满意度层面种类的分类并未统一。

综合上述观点,本书将工作满意度(job satisfaction)定义为员工对自己的工作所抱有的一般性的满足与否的态度。

二、工作满意度的维度与测量

工作满意度的测量有单维与多维之分。所谓单维就是将工作满意度看作一个整体水平而不做各个维度的区分。针对单维工作满意度的测量方法是单一整体评估法,只要求被调查者回答对自身工作的总体感受,测量问题一般为"你是否喜欢你的工作"等。阿霍(Agho,1992)等根据人们对一些问题肯定或否定的回答程度来判断他们的工作满意度。例如"自己在工作时感到愉快",和"我很少对自己的工作不满"。单一整体评估法简单明了,包容性大但无法满足对企业具体问题的评估。而多维就是将工作满意度区分为不同的方面,从而进行分别测量。针对多维工作满意度的测量方法是工作要素总和评分法。工作满意度作为一种态度，其核心特征是它的评价作用。任何态度都含有对它所涉及的事物是喜欢或不喜欢的评价。这种评价由认知（情绪中性的判断）和情感（指态度所评价事物的感受）两部分组成。相对地，工作满意度大体上可以划分为情感性满意度（affective satisfaction）和认知性满意度（cognitive satisfaction）。MSQ（minnesota satisfaction questionnaire）及绝大多数工作满意度测量问卷，包括研究中常用的 JDI（job description index）、JDS（job diagnostic survey）等问卷，采用的都是认知性工作满意度测量范式。认知性工作满意度测量范式或情感性测量工具两种范式之间存在一定的差异，而这些差异可能会对有关工作满意度或工作满意度与其他组织变量之间关系的研究产生影响。工作要素总和评分法相较单一整体评估法而言更强调从多个要素出发评价员工工作满意度，操作更复杂但评估结果更加精细准确。在实际情况下，对工作满意度的测量是按照单维还是多维划分则要根据具体情况具体分析。关于如何具体划分工作满意度的维度，目前尚未形成统一意见。比较常见的维度划分除上述将工作满意度划分为情感性满意度与认知性满意度之外，还有将工作满意度划分为内源性工作满意度（intrinsic job satisfaction）与外源性工作满意度（extrinsic job Satisfaction）。内源性工作满意度是人们对工作本身的感受，外源性工作满意度是人们对工作情境的感受。

三、影响工作满意度的因素

个人的态度、情感反应依赖于个人与其环境的相互作用，而工作满意度的形成和作用依赖于个人与其环境的相互作用，霍普波克于1935年指出工作满意度是员工心理及生理两方面对各种环境因素的满意感受。员工个人的需要满足度决定了其工作满意度，根据马斯洛需要层次理论，人的需要划分为5个层次，包括生理需要、安全需要、社交需要、自尊需要以及自我实现需要，而提高员工工作满意度就必须了解且设法满足员工不同层次的需要。20世纪50年代后期，赫茨伯格提出双因素理论，将与工作满意度相关的两类因素称为保健因素和激励因素，激励因素是工作满意度的决定因素而保健因素的积极方面并不是产生工作满意度的充分条件。个人的情感反应依赖于他实际所得与他期望所得两者之间的差异，洛克（1976）指出期望对情感反应的影响是间接性的；弗鲁姆（Vroom，1964）提出期望理论，认为工作满意度取决于员工期望与实际情况相吻合的程度，当期望大于实际则产生不满，当期望小于实际则产生满足。根据工作特征理论，员工个人对工作的情感反应取决于他们对工作特征的知觉而非工作的客观特征本身，哈克曼和劳拉指出员工个人工作满意度是由工作意义、责任感和对工作结果的了解程度三种心理状态激发的。根据公平理论，对公平的知觉决定工作满意度，即员工个人的工作满意度是其将自己收益与他人或者过去自己的收益相比较的结果，如果个人认为其对组织的贡献和回报与别人相比不成比例，那么其工作满意度水平和稳定性就相对较低。在公平理论的前提下，影响工作满意度的因素包括报酬、工作本身、提升、管理、工作群体和工作条件等。塞索尔和塔博（Seashore，Taber，1975）认为，人口特征、人格特质、个人能力、性格、认知、感知、期望、暂时的个性、工作本身、工作环境、政治和经济环境、组织环境和职业特点等会对工作满意度产生影响。莫里斯（Morris，2010）认为，工作满意度是指工作中积极情绪的反应程度，而这种情绪反应来自于雇员能否在工作中达成自己的意愿或与自身的价值观相一致。伊莱亚斯（Ealias，2012）研究表明，情商和工作满意度之间存在高度正相关关系，经验和婚姻状况对工作满意度有重大影响。沃尔等（Warr et al.，2012）从员工价值观、需求、喜好以及从事工作的特点方面分析了对工作满意度的影响，重点分析了动机水平和工作匹配两个方面。动机需求对工作满意度有重要影响，工作匹配与员工的工作满意度呈正相关关系。杰伊和金（Jae, Kim, 2009）发现，组织文化对员工的工作满意度有明显的积极影响。崔勋等（2012）认为，工作满意度是员工对工作情境的主观反应，工作满意度的形成和作用都依赖于个人与其环境的相互作用。

综合国内外关于工作满意度影响因素的研究成果，整理后可得出影响员工工作满意度的因素主要有以下几个方面。

（1）工作本身。影响因素主要包括员工对工作本身的兴趣、工作的挑战性、学习机会、成功机会等。研究认为员工工作满意度在很大程度上取决于他对工作的兴趣，具有一定心理挑战性的工作会避免员工产生对工作的厌烦感；同时还认为，工作本身的学习机会和成功机会对员工工作满意度的影响较大。

（2）报酬。主要指报酬的数量、公平性及合理性，认为报酬是决定员工工作满意度的重要因素。报酬不仅能满足员工生活和工作的基本需求，而且还是组织对员工所做贡献的尊重，是衡量员工业绩大小的重要指标。

（3）晋升机会。晋升是有别于报酬的对员工工作认可的另一种方式，晋升为员工提供个人成长的机会、更多的责任和更高的社会地位。晋升的公平性与合理性对满意度影响较大，只有当员工认为晋升机会是公平、合理的时候，才会提高他们的工作满意度。

（4）工作条件。包括工作时间的长短、机器设备及工作环境（如温度、湿度、通风、光线、噪声、清洁状况）等。良好的工作条件能够给员工带来生理上的舒适，从而提高员工的工作效率和工作满意度。

（5）领导风格。管理者的领导风格一般分为：一是关心人还是关心生产，二是专权式领导还是民主式领导。一般来说以员工为中心的关心人的和民主参与式的领导风格能够给员工以更高的工作满意感。在这种领导风格下，员工感到自己是被重视的，有主人翁意识，这会大大提高他们的工作积极性和满意度。

（6）人际关系。主要是与同事的关系、与领导的关系以及与家人的关系。人们都有与工作中或者工作之外的其他人的接触和交往的需要，有与伙伴同事之间保持融洽关系的需要，这种需要的满足能在很大程度上影响员工的工作满意度水平。

（7）个体特质。员工的不同人格特质会对其工作满意度产生不同的影响。消极的情感和积极的情感这两种人格特质对员工的工作满意度影响较大，工作满意度的大小很大程度上取决于这两种特质的稳定性。员工情感与许多工作特性有关，影响情感的工作特性主要包括：工作自主性、角色模糊性、角色冲突性。

（8）企业的发展状况。企业的发展状况会导致企业员工工作满意度的较大差异。影响因素主要有：经营状况、管理机制、发展前景等。尤其是企业发展前景与员工工作满意度之间具有很强的正向关系。经营状况好、管理机制活、发展前景好的企业，员工满意度高；经营状况不好、机制不灵活、发展前景不好的企业，员工的满意度较低。

四、工作满意度的效应

（一）对个体的效应

工作是生活的重要组成部分，工作满意度会影响生活满意度。研究发现二者具有显著相关关系，并有双向溢出效应（spill over effect）。个人的工作态度会影响其自我看法，工作满度会提高个人的自信心。伯克（1969）和赫茨伯格（1959）发现，工作满意度与主观报告的生理症状，如疲劳、呼吸短促、头痛和流汗之间有显著相关关系。这一现象预示出心理状态和身体功能之间的一种关系。今后的研究可在相关结果的基础上考察二者之间的因果机制。工作满意度对心理健康的影响较为明显。事实上，不满意状态本身即是一种不愉快的心理状态。科恩豪瑟（Kornnauser，1965）发现工作满意度与六个心理健康指标之间有一致的关系，这六个指标为：焦虑和紧张、自尊、敌意、社会能力、生活满意感和个人士气。恩斯特和奥泽基（Ernst，Ozeki，1998）对1983年至1996年间发表的32个有关工作家庭冲突与工作生活满意度关系的研究进行了元分析，结果表明工作家庭冲突的两个方面与工作满意度和生活满意度之间呈显著负相关。贾奇（Judge，1994）等对工作满意度、生活满意度、工作家庭冲突以及工作压力之间的关系进行了研究。

（二）对组织的效应

工作满意度是组织生活中一个重要的人性产物（human outcomes），可以通过这一指标预测其他的态度和行为。就与组织和工作有关的态度而言，许多组织管理的研究焦点都放在了三种态度上：工作满意度、工作投入（job involvement）与组织承诺（organization commitment）。工作投入是员工在工作中的深入程度、所花费的时间和精力及把工作视作整个生活核心部分的程度。工作投入高的员工更相信职业道德，显示出高成长需要。布朗（1996）通过元分析发现，内源性工作满意度与工作投入之间有较强的联系，而外源性工作满意度与工作投入之间没有这种联系。组织承诺与旷工、离职均呈负相关。以此为指标来预测员工的离职行为比用员工满意度预测更准确。传统的理论是"态度－行为"模式，试图说明态度对行为的影响，但除非考虑其他中介因素，否则态度对行为的决定关系并不是非常明朗的。

工作退行行为（withdrawal behaviors）主要包括缺勤（absenteeism）和离职（turnover）等行为。内源性工作满意度与离职行为之间的负相关关系比外源性工作满意度与离职行为之间的负相关关系更为稳定和明显。研究发现，总体工作满意度与缺勤的相关强度不高，但与工作满意度的子维度有较高的相关。个人可控制的缺勤与不可控制的缺勤所反映的个人心理状态是大为不同的。鲁贝诺维兹（1983）指出短时缺勤率更能反映员工的态度。一些研究表明工作满意度与工作退行行为之间存在一定的负相关。但是两者的关系受到许多中介变量的影响，诸如工作绩效、社会经济和失业状况。最新的研究提出调节因素包括一些与退行性认知（withdrawal cognitions）有关的心理因素如离职意愿（intention to quit）等。

以往研究工作态度对于组织输出的影响重点在于构建特质的因素结构、组成，而目前研究者更加关注为什么特质因素在组织生活中扮演重要角色，它是如何起作用的。达菲，肖，甘斯特（1998）三维交互作用实验结果表明积极的情感、工作满意度和任职状况（tenure）能够预测雇员的消极工作输出，包括找工作行为、身体健康抱怨行为和反生产力行为等。特别是任职期限较长的雇员的工作满意度与消极工作输出的相关比正性更强。

围绕着工作满意度与工作绩效之间的关系，学者展开了大量研究。早期的人际关系学派明确主张，高的工作满意度将会导致高的工作绩效。20世纪60年代以后，随着认知心理学的兴起，人们开始从相反的角度看待满意度与绩效之间的关系。近期的研究指出工作满意度与绩效之间的相关在很多情况下是不确定的。态度在预测行为时具有相当的局限性，有些研究者认为只有用明确的态度才能预测明确的行为。一些中介变量干扰了工作满意度与绩效之间的关系，如员工的行为是否受外界控制、自我效能、工作动机、工作中的模糊性，等等。人们不仅将工作满意度视为个体现象，还常常将它视为整个群体或企业的特征并作为预测企业和组织中工作行为的有效指标。

读一读

对工作满意度有了一定了解后，那么该怎么测定对目前工作是否满意呢？在这里我们简单介绍八种方法。

1. 享受

你很享受你的工作吗？你的工作具有挑战性，有意义，能让你满足并且获得高回报吗？你是否期待每天都可以工作？这份工作能给你带来新的机会和独特的经历吗？你在完成你的工作的时候用到你的专业技能了吗？如果你对以上大多数问题的回答都是"不"，那么这可能是你离开现在工作的时机了。

2. 薪酬

你对目前所得满意吗？在评估薪酬时，检查你的所有收入是很重要的：工资，津贴，福利，股票持有率和其他的额外津贴都属于你的收入。如说，你的工资微薄，但是享受极好的福利和其他津贴，那么你的收入也就被平衡，没有那么差了。如果你对现在的薪酬不满意，你能否请求加薪，寻求提升或者协商得到额外福利，如加班可以付加班费吗？

3. 压力

你的工作会给你带来压力吗？你会因为工作导致晚上失眠吗？如果情况是这样，评估造成你工作压力的根本原因并判断是否可以采取某些方式降低压力。如说，你是否可以雇佣助理帮助你处理你的工作负担，是否可以建立更好的日历系统提醒你每项工作的截止日期，是否可以向你的同事或者上司袒露你的困难？如果压力一直降低你的工作满意感或者压力已经对你的健康造成了影响，那么你可能要换一份新的工作了。

4. 工作环境

工作环境对你的工作满意感影响甚大。如果你对现在的工作环境条件不满意，这将会影响到你的工作态度、生产力和表现。判断你现在对工作环境的问题是否可以通过其他去补救。如说，如果你不喜欢和你一起共事的同事，或许你可以被调到其他部门；如果你的椅子会造成背疼，或许你可以换一把符合人体设计坐起来舒服的椅子。但是，有些工作环境可能是你无法控制的，如说，你是否在一个气氛紧张的环境中工作？你的公司是否正在缩小规模？你是否有一个很难相处的上司？在这种情况下，或许最好的解决方式就是找一家新的公司！

5. 机会

即使你不喜爱你的工作或者你的所得远远低于你预期中的应得，在这种情况下仍然坚持你的工作也不失为一种睿智的选择，因为这有可能给你带来更多的新的机会。如，地方性诊所里的实习生可能工资不是很高，但是这个工作可以给他带来必要的经验和各种人脉。如果你的不是那么理想的工作成为你走向大企业的敲门砖，你就继续你的工作，否则就辞职去寻找更好的工作。

6. 晋升

你现在的工作为你提供晋升的机会吗？你在现在的位置上有一个职业发展方向和晋升渠道吗？你的老板为你提供培训或者其他的技能提升机会吗？如果你觉得你现在的工作已经走到末路，考虑考虑你是否能通过转部门或者提升教育来跳出现在的困境。

7. 认可

你的上司是怎么认可、欣赏并且奖励员工的？你的个人贡献是否被认可？如果没有，请主动寻求工作反馈，也可以在你过去的工作中或者与你的直属上司、导师在回忆中找出你的工作的不足。其中一个强调你的贡献的方式是坚持记录你的工作业绩。有时，获得认可的最好方式是巧妙的自我推销。如果你的上司"不识功绩且赏罚不明"，那么你可能要找一个能够赏识你的上司了。

8. 工作与生活的平衡

你在工作中能找到平衡的生活方式吗？你的工作会大量占用你晚上或者周末的时间吗？你的上司的工作安排灵活吗？如果你觉得你被绑在办公桌上了，请尝试寻求其他的方式，如说远程办公、工作分享或者降低工作时间。如果这些渠道方法在你的公司都不能实现，可能你可以帮助发展一种新的灵活的能调动工作积极性的工作方式。然而，如果你的公司对员工的工作生活平衡不敏感，而这些对你又十分重要，你可能需要重新找一位更加具有前卫思想的上司。

第二节　工作-家庭平衡

一、工作-家庭平衡

工作与家庭是人生的两大重要舞台，二者之间的和谐发展，不仅可以提高个体的工作与生活质量，还能改善个人与组织、个人与家庭的关系，增强个人、家庭乃至整个社会的幸福感。然而，现实生活中这两个领域之间似乎总是或多或少地存在冲突和矛盾，出现很多不协调现象。我国正处于经济与社会的剧变时期，再加上人口老龄化、工作节奏加快、就业压力增加、子女赡养老人的负担加重等原因，促使近年来工作压力和家庭压力均有上升趋势，工作与家庭之间的矛盾和冲突日益加剧。因此，深入探讨工作家庭冲突的影响机制并寻求应对策略来缓和矛盾和促进平衡，显得尤为必要。

国外已有研究表明，工作-家庭平衡与个体的生活质量密切相关，平衡的个体有较高的组织承诺和工作满意度，而平衡水平低的个体则工作-家庭冲突水平较高（Allenetal，2000；Kossek，Ozeki，1998）、身体健康水平欠佳（Jansen，Kant，van Amelsvoort，Kristensen，Swaen，Nijhuis，2006）；平衡的个体工作-家庭冲突较小、生活压力较低（Marks，MacDermid，1999；Greenhaus，Collins & Shaw，2003），平衡水平低的个体则刚好相反。

（一）工作-家庭平衡的概念

格林豪斯等人（2003）认为工作-家庭平衡指的是："个体能均衡地参与工作角色和家庭角色，并能均衡地从这两个角色中体验到满意感。"在格林豪斯等人看来，工作-家庭平衡是个体的主观意念或者价值取向的体现。个体在平衡工作和家庭这两个角色时，在时间上和心理上不可避免地要卷入到这两个角色中去。格林豪斯和艾伦（2006）再次对工作-家庭平衡给出新的定义："个体在工作和家庭角色中的成效和满意感与个体把优先权给予哪个角色相一致。"这个概念表明工作-家庭平衡是一个心理结构，即个体内心对平衡的评断。也就是说，如果在个体的自我概念中工作优先于家庭，那么个体会更愿意在工作中投入更多的时间、精力等；反之，则在家庭中投入较多的时间和精力。虽然投入的时间和精力在客观上不相等，但个体却从工作和家庭这两个角色中获得的成效与满意感中感到二者的平衡。因而，这是一种主观上的平衡。

有学者（Grzywacz et al.，2007）将工作-家庭平衡的定义导向了一个全新的视角，他们认为："工作-家庭平衡是一种角色期望的达成，这种达成是通过在工作和家庭领域中与角色相关的合作者的协商和分享来完成的。"这个定义将平衡锁定在个体在工作和家庭角色相关责任的履行上，而不强调主观体验到的满意感。他们指出，如果一个人认为自己的工作－家庭是平衡的，那么他就会觉得自己在工作和家庭中所履行的职责也是平等的，但实际上二者却并不一致，因此通过满意感去给平衡下定义是有问题的。他们强调研究者应该将视角从工作－家庭平衡的心理层面转移到社会功能的层面上来，以一个更为客观的角度来探讨平衡，使平衡的定义更具操作性。因而，这是一种客观的平衡。

弗罗用一个四象限分类图阐明了工作－家庭关系中冲突与促进之间的关系，如图5-1所示。工作－家庭冲突和促进是潜在的组成平衡的两个维度，每个维度下又分为工作指向家庭，家庭指向工作两个方向。由此可见，工作－家庭平衡主张系统地研究工作－家庭关系，既承认冲突的存在和破坏作用也承认促进的真实性和积极效果。

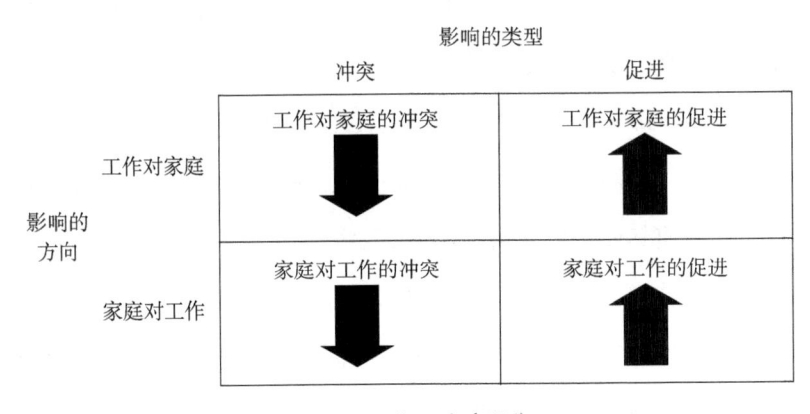

图 5-1　工作－家庭平衡

综合上述观点，我们认为工作－家庭平衡应当既包括个人主观的体验，也涉及个体执行社会角色的功能，这种平衡既是主观体验也是客观表现，既是个体内在体验的过程也是执行的结果状态。

（二）工作-家庭平衡的理论来源

工作-家庭关系的核心是工作-家庭之间的竞争性关系即冲突，它源于个体在两个领域中时间分配、情绪传递、空间划分、行为模式和性别角色预期的不相容性，其基础理论包括：角色冲突理论、边界理论、溢出与补偿理论和性别角色预期理论。

1. 角色冲突理论

角色代表个体在社会中因具有某种地位而被预期要表现的一组行为模式。角色为个体提供了意识框架来解释事与人之间关系的内涵与意义、目的和用途以及机构代理关系。角色与地位、身份相联系。身份是指个体在一定社会结构中承担某一特定角色，并用这一角色内涵来描述自己。个体须充当许多角色，有多重身份，因而每天都会转换多次角色。许多角色是互不相容的，会起冲突。角色冲突是指因必须同时充当两种或两种以上的角色而产生的压力，充当其中一种角色会使扮演其他角色变得更为困难。角色传递者之间、内部和个人角色之间的冲突是工作压力的重要来源，是基于时间、紧张和行为而产生的冲突。时间冲突产生于各种角色竞相占用有限的时间时；紧张冲突发生在扮演某一角色所产生的紧张影响到另一角色的表现时，它来源于角色模糊与冲突、不支持的领导者和配偶、负面情绪、家庭领域的冲突等；行为冲突发生在某角色的特殊行为模式和另一角色的行为模式不相容时，这时如果不能调整行为来扮演不同的角色，就会发生行为冲突。

2. 边界理论

工作家庭边界理论（work-family border/boundary theory）指出，个体作为边界的跨越者，每天在工作和家庭两个领域之间穿梭，并不断地进行角色转换。也就是说，人们塑造了工作和家庭这两个"世界"，也塑造了这两个"世界"之间的边界。人们如何处理及协调这两个领域的范围与疆界，决定了其在工作与家庭关系上的平衡状态。该理论解释了边界跨越者的工作与家庭生活间发生复杂作用和冲突的原因。工作与家庭范围的延续和分解、边界的界定和管理、边界跨越者的参与都会影响工作–家庭边界跨越者和其他人之间的关系。工作与家庭有物理、世俗和心理三种边界。边界具有渗透性、灵活性、混合性、边界力量等特征（张再生，2002）。经理人通过多种方式（如开会、审查、加班、监督等）来对员工实施边界控制。服从者得到奖励，而拒绝者则会受到惩罚。员工有四种边界控制模式：（1）员工和其配偶都为组织边界控制的接受者，此时员工会尽量满足工作要求，即追求事业成功模式；（2）员工本人是雇主边界控制的抵制者，而配偶则是边界控制的接受者，即妥协模式；（3）员工必须在工作责任和配偶拒绝之间保持平衡，即"变戏法"模式；（4）员工和配偶同时拒绝雇主的边界控制，即拒绝模式，拒绝者很难获得职业生涯方面的发展，加薪的机会也很少或者根本就没有加薪机会。

3. 溢出与补偿理论

工作和家庭间的相互作用能在情绪和满意度、价值观等方面产生相似性。溢出理论认为工作和家庭之间在满意度和价值观方面存在正向关联，并且个体能完整地转移分别从这两个领域获得的经验。不愉快的心情既可以从工作溢出影响到家庭，也可以从家庭溢出影响到工作。"补偿"是指个体为抵消某领域的不满意而到另一领域寻找满意的行为，包括对照、补充、再生、异化和参与。首先，个体通过减少对不满意领域的参与来增加对可能使他满意的领域的投入，在不满意领域和潜在满意领域之间重新分配重要性、时间和注意力。其次，个体通过从另一领域获得报酬的方式来对某领域的不满意做出反应。补偿又可细分为互补性补偿和反应性补偿。互补性补偿是指当从某一领域获得的报酬不够、不充分时，个体从另一领域寻求补充，通过累积补偿来满足自己的欲望。反应性补偿是指个体通过到另一领域寻找相对立的经历来重新解决在某一领域发生的令其不满的事情，如工作累了回家休息。两种补偿的区别在于：前者由不充裕的正面经历所驱动，而后者则由过剩的负面经历所引发。

4. 性别角色预期理论

角色理论为工作－家庭界面相互作用的研究提供了理论基础。其中，"稀缺假说"和"加强假说"被认为是工作－家庭平衡研究的最核心理论来源（Aryee，2005）。

"稀缺假说"认为个体会消耗掉卷入到角色中的心理和生理资源，进而最终削弱或者损害个体的功能。根据传统的角色理论观点，当个体的时间和精力有限时，角色间的需求就会产生冲突（Sieber，1974）。工作和家庭作为成年人最核心的两个生活领域有着不同的需求，冲突是这两个领域相互作用所产生的一种结果。格林豪斯和贝特尔（1985）将工作－家庭冲突定义为："一种角色间冲突的特殊形式，在这种冲突中来自工作和家庭生活领域的角色压力是不相容的。"在此基础上，他们进一步指出冲突源于三个方面：时间、压力、行为。可见，个体有限的资源会消耗在角色的需求中，当不能满足时，冲突就无法避免。

与之相对应的"加强假说"却认为个体会从多重角色的卷入中获得积极的收益（Sieber，1974）。这种收益可能会超过个体所消耗的心理和生理资源，即工作（家庭）领域的资源会增强家庭（工作）领域的心理功能。"加强假说"开启了工作-家庭界面研究的另一个视角——工作-家庭促进。随着研究的深入，研究者们意识到工作-家庭角色间除了消极影响外，还有可能存在互利互惠、相互促进的一面。这是对长期以来工作-家庭界面过分关注消极结果的回应。然而任何事物不可能只具有消极或者积极的一面，要更好地理解工作-家庭界面的相互作用，就有必要将"稀缺假说"和"加强假说"结合起来（Edwards，Rothbard，2000；Rothbard，2001），以一个更为全面的视角来看待工作和家庭角色之间的相互作用。

该理论提出了三个模型：(1) 理性模型。该模型认为，承担家庭和工作角色所投入的时间和角色超载呈正相关关系。一般来说妻子比丈夫负担更多的家务，而男性花在工作上的时间比女性多。女性要比男性面临更多的工作-家庭冲突，而男性则要比女性承担更多的工作-家庭冲突。(2) 性别角色预期模型。该模型认为，男性的首要责任是挣钱养家，负担生计的预期对于工作-家庭冲突产生减缓的效果；而女性则被期待为家庭维持者，首先要承担家庭责任。因此，女性工作-家庭冲突的水平高于男性。男性工作时间长、工作负荷重，不一定会遭遇工作-家庭冲突，因为把时间花费在工作上对男性来说是符合性别角色预期的。(3) 工作紧张角色模型。根据这个模型，个体感知的冲突程度与其工作和家庭角色要求及其控制这些角色要求的程度相关。女性的工作和家庭角色要求高于男性，女性专业人员遭遇工作-家庭冲突的程度最高。男性对时间分配有较大的控制权，这使他们较易满足工作和家庭的预期。

(三) 工作-家庭平衡：问题与挑战

工作和家庭的冲突是全球性问题，越来越多的国家开始关注工作-家庭平衡。全球化背景下，很多国家面临着人口压力、人口老龄化和生育率的下降，增加了家庭无偿照料的任务和生育的责任，尤其是贫困家庭。工作-家庭的矛盾与实现性别平等之间有着复杂关系，只要无偿的家庭责任继续被传统角色定型为妇女的工作，而且妇女仍然承担这种繁重负担的话，那么有酬工作中的性别平等将依然任重而道远。

目前，很多国家面临着有薪工作增长与无薪工作和家庭责任支持欠缺的矛盾。一方面，有薪工作的需求增大且持续增加，女性劳动参与率提高且继续增长，男女两性的有薪工作时间延长，更多人从事兼职工作，用于交通的时间增加。另一方面，无薪工作的需求提高且持续增长，主要表现在以下方面。

（1）传统的家庭支持在减弱。跨国界和地区的流动，使家庭与原有的亲属网络分开；扩大或联合家庭在许多国家日渐减少；同时，女性是户主的家庭几乎在所有地方都增加了。

（2）儿童和老人照顾等方面的公共支持较少。儿童照顾方面，3岁以下儿童的有工作的父母可享受的儿童照顾服务较少；3~6岁的儿童服务覆盖率虽有提高，但是城乡和贫富差距较大；对于学龄儿童，校外时间可获的服务不能满足儿童照顾的需求。老人照顾方面，发展中国家以家庭照顾为主，发达国家的老龄中心照护服务和护理保险更多；同时由于社会支持不足，老龄群体通常伴随着贫困度高和社会排斥。

（3）休假支持不足。目前，很多国家带薪产假的覆盖率和执行方面存在问题；同时，由于假期规定的内容与现实脱节，使得父母假、陪产假、病假和年假只有少数人能够享受，大部分人无法享受或享受不足。此外，其他因素如学习培训的时间与家庭照顾的时间发生冲突、公共服务时间不便、交通服务不良等，都加剧了有家庭责任的男性女性工作与家庭的冲突。

(四) 组织工作平衡——家庭冲突的人力资源管理政策

1. 时间管理策略

冲突的主要根源是工作职责和家庭责任竞争性地争夺个体有限的时间和精力，于是时间就成为平衡策略设计的主要出发点。组织常用下列时间管理行为与策略来减少角色冲突、角色超载的压力和紧张。首先，设定目标和优先顺序，即确定每天想要做的事情的重要性，并将它们按重要性进行先后排序。其次，按时间管理培训计划和相关的理论来塑造时间管理行为。时间管理行为能够调节工作-家庭冲突和紧张关系（Jex，Elacqua，1999）。

2. 弹性工作制

采用弹性工作制可改善工作效果，但完全弹性的作息时间常与最低绩效相关。弹性工作制不会影响员工的离职率，但如果组织降低作息时间的弹性，那么员工的离职意向就会趋于上升。弹性指数与离职意向有很强的负相关性。采用弹性工作制能减少缺勤，但当恢复正常作息时间时，缺勤率就趋于上升。弹性作息制不能增进组织承诺，但组织承诺的水平与弹性工作制的弹性程度正相关。弹性工作制并不能提高员工的工作参与度（Kossek，Ozeki，1999）。

3. 家庭照顾福利措施

照顾老人和孩子的福利方案（如日常护理、弹性作息制、带薪事假、津贴）能提高员工的留职率，享受家庭福利政策的员工明显不愿离开组织。员工对家庭友好福利政策的满意度与他们对组织的承诺正相关（Kossek，Ozeki，1999）。

4. 培育工作 – 家庭文化

工作 – 家庭文化是指组织中普遍认同的价值观支持员工整合工作与家庭生活的氛围，它有四个可操作性维度。首先，工作 – 家庭文化测量指标，包括主管经理的支持、职业生涯后果、组织对工作时间的要求。其次，暂时工作弹性和管理层对家庭需求重要性的理解。再次，心理承诺。最后，男性伦理、照顾家庭伦理和平等就业机会伦理。如果组织中存在工作 – 家庭文化，那么组织便会采用更多的平衡措施，以缓解员工的工作 – 家庭冲突。组织的工作 – 家庭文化和组织承诺之间呈正相关关系，而工作 – 家庭冲突与组织的工作 – 家庭文化则呈现负相关关系。因此，正面的组织工作 – 家庭文化可以减少工作 – 家庭冲突，并增强组织承诺。工作 – 家庭文化对工作 – 家庭冲突的影响表现为工作 – 家庭文化氛围、组织（社会）支持、经理人支持和职业生涯后果。员工在支持性工作 – 家庭文化的氛围中享受家庭照顾福利的机会要多于非支持性文化氛围，因此能更好地平衡工作 – 家庭冲突，有更高的工作满意度和较高的组织承诺度。支持性工作 – 家庭文化氛围对员工的身心健康和组织的健康发展会产生积极的影响（Kinnunen et al.，2005）；员工的组织（社会）支持（如经理人、同僚、配偶、家人和师傅的支持）感知与高工作满意度、低离职意向、低工作 – 家庭冲突相关（Allen，2001；Clark，2001）；经理人是实施平衡策略的主体，如果他们对员工平衡工作与家庭关系的需要表示理解和支持,那么就会对员工的工作-家庭冲突起到独特的干预作用(Seer et al.,1983)。职业生涯后果也会影响组织平衡策略的实施,因为如果员工在享用了平衡政策与福利以后,他们的晋升、加薪和绩效评估会受到影响,那么相关的平衡策略和福利的实施效果就会大打折扣。

5. 各种平衡策略的协调与匹配

平衡策略必须是相互协调的一揽子策略,可界定为组织为了帮助员工管理非工作角色而采取的高度相关的互补型人力资源政策,包括提供信息、服务,实行弹性作息制度(如允许因家庭原因告假)。一揽子策略的关键在于各种相关政策的相互作用和彼此的高度相关性。首先,一揽子策略传递了组织关心员工健康的信息,并体现了组织的价值观,能够帮助员工减轻非工作领域的压力。员工会做出积极的反应,努力工作,从而全面提升组织绩效。其次,一揽子策略还能成为组织可持续竞争优势的来源。各相关平衡策略所创造的协同效应、因果关系的模糊性和其所体现的管理理念,很难被竞争对手模仿(Perry-Smith,Blum,2000)。一揽子策略要求从战略、过程和个人层面的目标匹配角度出发来考虑或设计组织解决工作-家庭冲突的平衡策略(Polach,2003)。

6. 工作-家庭平衡策略的正式化与制度化

西方企业往往把工作-家庭平衡福利作为吸引应聘者的一项政策。企业是否提供工作-家庭平衡计划受企业内部劳动力市场的影响。内部劳动力市场是把雇佣关系结构化的一系列正式的规章制度,赋予组织行为的合法性并且以之作为规范约束企业的依据,能促进组织引入新的工作-家庭平衡计划来解决新问题。它作为一种福利是吸引和留住员工的一种有效工具。制度理论认为，采用内部劳动力市场这种做法的原因，是它能够赋予组织以合法性。按照这一逻辑，因制度压力而采用正式人事制度的企业更能采用先进的工作－家庭平衡计划。高承诺工作系统也能促进组织采取工作－家庭平衡计划，工作－家庭福利和服务水平与员工对企业的承诺呈正相关关系（Osterman，1995）。

第三节 心理安全需要

马斯洛的需求层次理论认为，每个人的行为动机都是基于不同层次的需求，而不同层次需求有一个由低到高的层级，并且在满足这些需求的迫切程度方面有一个先后顺序，只有当较低的需求（如最基本的生理需求）得到满足之后，才会产生更高层次的需求（如自我实现的需求）。因此，只有针对人们不同层次的需求采取不同方式的激励措施，才能更好地达成所期望的目标。"90后"员工刚刚步入职场，需求还是最基本的生存所必需的生理需要；但同时，由于"90后"员工成长于中国经济高速发展的20多年当中，家庭条件普遍不错，生存环境一般比较优越，相对于"70后"和"80后"，他们大学毕业步入职场后，没有太多的生存压力，并不满足于获得一份工资来解决最基本的温饱问题，而是更多追求"自我实现"等精神层面的需要。这给企业人力资源管理者带来了新的管理难题，就是如何从马斯洛需求层次理论出发，激发"90后"员工的积极性和创造性，如何设定激励机制，才能吸引、用好并留住"90后"的优秀人才。

一、"90后"员工的成长环境与"需求层次"特征

自从90后员工走出大学校门，步入职场以来，就被贴上了各种各样的"标签"，如：自由散漫，以自我为中心、敏感脆弱，特立独行、不遵守游戏规则，固执己见、质疑并挑战领导权威，等等。

90后员工普遍缺乏之前几代人所倡导的"螺丝钉"精神，不愿为了一份工资而委屈自己去做一份不喜欢的工作。另外，90后成长于中国经济高速发展的20世纪末和21世纪初，较为优越的经济条件和网络时代的各种便利性，也使得90后员工具有诸多独特优势，如，有很强的信息检索能力和学习能力，对于新思维、新事物有很强的接受能力；敢于尝试，敢于创新，有很强的创造性思维和创新能力。

因此，只有能够深入分析"90后"员工的"需求层次"，并针对其"需求层次特征"设计相应的激励机制，才能够极大提升企业的活力与动力，形成企业未来发展的核心竞争力。

从成长的时代背景看，"90后"大多数是家庭中唯一的孩子，习惯以自我为中心，生活环境普遍比较优越，至少没有衣食之忧。因此，90后员工在步入工作岗位后，因为其生理需要和安全需要在其家庭中已经得到了很好的满足，并不急于找到一份工作来解决自身的温饱问题，因此普遍缺乏吃苦耐劳、任劳任怨的精神，而且在工资方面如薪酬期望值的要求往往比较高；但同时，他们更需要在工作中有施展自己才华的空间和天地，能尽快获得同事、上司的认可。所以他们在需求层次上，归属和爱、尊重以及自我实现等精神层面的需要更为强烈，因此"90后"员工更注重在工作中精神的愉悦性以及自我价值的充分实现。

二、针对90后员工的激励机制设计

要激发90后员工的积极性和创造性，除了要有"具有竞争力"的薪酬来满足其基本的生存需求之外，还必须充分重视这一群体精神层面的需求，如归属和爱、尊重以及自我实现等。对于90后员工来说，"存在感""参与感""认可度"是非常重要的概念，企业人力资源管理人员应致力于让人力资源管理更富有人情味、更体现人性化原则。

（一）构建科学合理的薪酬与福利体系

1. 薪酬定价要有竞争力

企业在90后员工的招聘方面，在关键岗位的薪酬定价上需要不低于竞争对手，至少要有相对竞争力。具体到每一个岗位，要在充分考虑企业经济实力和发展战略需要的基础上，依据每一位员工的个人能力，来区别定价，在体现公平的基础上凸显差别。

2. 薪酬要及时、适时加以调整

对于90后员工来讲，充分体现个人劳动价值非常重要。真正体现了绩效考核，突出了贡献的差别，破除平均主义大锅饭，让能者多劳，多劳者多得，让为企业发展做出突出贡献的员工获得充分的奖励和鼓励，这样业绩导向的分配制度和体系激励作用会更加明显。真正让优秀员工参与分享企业发展的成果，真正跟随企业一起成长。

3. 福利发放方面应该灵活多样，激励作用还能更明显

充分考虑到 90 后员工愿意展现自我、愿意参与、可望实现自身价值等多样化需求，在运营成本可控范围之内，可以让更多 90 后知识型员工参与进来，设计员工福利菜单，丰富福利内容，可以根据每一位员工的业绩、能力、资历等确定福利积分，实现自助式福利发放。

（二）帮助 90 后员工进行职业生涯规划，让优秀员工获得充分的晋升空间和机会

90 后员工刚入职场，企业人力资源管理者需要帮助他们进行职业生涯规划，为每一个在职员工规划明确的职业发展途径，让真正优秀的 90 后员工能够跟随企业一起发展，有足够的晋升空间和机会，让员工真正能分享企业发展成果。这样才能调动起 90 后员工的积极性和创造性，才能真正让 90 后员工与企业同呼吸、共命运、心连心，发挥自己的聪明才智，为企业发展贡献自己的力量。职业上的晋升机会对于 90 后员工非常有吸引力，因为升职就意味着加薪，就意味着更高的社会认可度、更丰富的物质生活和更高的社会地位，也是实现自身价值的一个重要体现。所以，在保证企业目标和员工自身目标一致的前提下，企业应该给 90 后员工的发展提供足够的晋升空间和机会。另外，企业对员工职业发展做出的承诺还必须能够得到兑现，不能开"空头支票"，否则企业长期失信于员工，就会增加员工的不满，甚至导致较高的离职率。

（三）建立上下通畅的内部沟通渠道，给 90 后员工足够的尊重和关心

90 后员工大多是成长于三口之家的独生子女，父母比较早地为他们创造了相对民主的家庭氛围，因此，这一群体具有很强的自我意识，对于官僚层级、领导权威比较排斥，愿意接受相对民主的管理方式。这就需要企业管理者进行适当引导，尽量与他们建立相对民主、并且上下通畅的沟通渠道，让 90 后员工能够反映意见，能够参与，有一定发言权，减少与员工的对立和对抗，让员工感受到企业对他们的关心和尊重，营造员工与企业共同发展的氛围，这样才能激发其工作潜能和工作积极性。总之，要让 90 后员工在相对宽松的工作氛围中工作和学习，在人性化的工作环境中得到充分锻炼，在关心和尊重中迅速成长，逐渐成为企业的核心员工和中坚力量，这样才能激励其最大化的实现其自身价值，同时也为企业更好地贡献自己的聪明才智。

参考文献

李超平，石勘，等，2003. 医护人员工作家庭冲突与工作倦怠的关系 [J]. 中国心理卫生杂志(17)；

张伶，2007. 中国高校教师工作家庭冲突研究 [M]. 北京：中国社会科学出版社．

张再生，2002. 工作 – 家庭关系理论与工作家庭平衡计划 [J]. 南开管理评论（4）：55-59.

ALLEN T D, HERST D E, BRUCK C S, et al., 2000. Consequences associated with work-to-family conflict : A review and agenda for future research [J]. Journal of Occupational Health Psychology（5）：278-308.

ARYEE S, SRINIVAS E S, TAN H H, 2005. Rhythms of life : Antecedents and outcomes of work-family balance in employed parents [J]. Journal of Applied Psychology, 90 (1): 132-146.

EBY L T, CASPER W J, LOCKWOOD A, et al., 2005. "Work and Family Research in IO/OB: Content Analysis and Review of the Literature (1980- 2002) [J]. Journal of Vocational Behavior, 66: 127-197.

EDWARDS J R, ROTHBARD N P, 2000. Mechanisms liking work and family: Specifying the relationships between work and family constructs. Academy of Management Review, 25: 178-199.

GREENHAUS J H, POWELl G N, 2006. When Work and Family are Allies: A Theory of Work-family Enrichment [J]. A cademy of Management Review (31).

GREENHAUS J H, COLLINS K M, SHAW J D, 2003. The Relation between Work-family Balance and Quality of Life [J]. Journal of Vocational Behavior (63).

GREENHAUS J H, BEUTELL N J, 1985. Sources of Conflict between Work and Family Roles [J]. A cademy of Management (10).

GRZYWACZ J G, CARLSON D S, 2007. Conceptualizing work family balance: Implications for practice and research [J]. Advances in Developing Human Resources, 9 (4): 455-471.

HOPPOCK R, 1936. Age and job satisfaction [J]. Psychological Monographs, 47 (2): 115-118.

JANSEN N W, KANT H, VAN AMELSVOORT I J, et al., 2006. Work-family conflict as a risk factor for sickness absence [J]. Journal of Occupational and Environmental Medicine, 63: 488-494.

KOSSEK E E, OZEKI C, 1998. Work-family conflict policies and the job-life satisfaction relationship: A review and directions for future organizational behavior-human resources research [J]. Journal of Applied Psychology, 83: 139-149.

MARKS S R, MACDERMID S M, 1996. Multiple roles and the self: A theory of role balance. Journal of Marriage and the Family, 58: 417-432.

ROTHBARD N P, 2001. Enriching or depleting? The dynamics of engagement in work and family roles. Administrative Science Quarterly, 46: 655-684.

SIEBER S D, 1974. Toward a Theory of Role Accumulation[J]. American Sociological Review(39).

第六章

研究新生代的常用理论和模型

> **学习目标**
>
> 1. 掌握自我决定理论的定义及其对新生代员工的应用
> 2. 了解代际理论的定义
> 3. 掌握社会交换理论的定义、特点以及在新生代员工中的应用
> 4. 了解工作-资源需求模型的定义、内涵以及机制
> 5. 掌握公平理论的定义、内涵

案例

小刘去年进入一家小有名气的外资企业。这家公司实行工资保密制度，一般情况下，员工之间都不知道彼此的收入。但小刘对这份工作还是很满意的，一方面公司人际关系和谐，气氛轻松，工作虽累却挺舒心；另一方面就是薪水也不错，底薪每月3000元，还有不固定的奖金。

小刘一门心思扑到了工作上，经常加班加点，有时还把工作带回家做，而且也确实取得了显著的成效。如说，上次湖北的一个设备安装项目，在小刘的努力下只用了1/3的时间就完成了，为公司节约了大量成本。项目负责人为此还专门写了一份报告表扬小刘。同事们都很佩服他，主管也很赏识他。

年终考核，人力资源主管对小刘的工作给予了高度评价，并告诉小刘公司将给他加薪15%。听到这个消息，小刘高兴极了。这不仅是钱的问题，也是公司对他的业绩的肯定。

同年进入公司的小李却开心不起来，因为他今年的业绩并不好。午饭时两人聊了起来，小李唉声叹气地说："你今年可真不错，不像我这倒霉鬼，薪水都加不了，干来干去还是3900元，什么时候才有希望啊。"猛然间小刘才意识到，原来小李的底薪比他高900元。他对小李并没有意见，可是他想不通，即使不考虑业绩，他们俩同样的职务，小李的学历、能力都不比他强，为什么工资却比他高这么多呢？他不仅感到不公平，而且有一种上当的感觉：我一直还以为自己的工资不低了，应该好好干，原来别人的工资都比我高。他马上就往人力资源部跑去……

你能预测小刘到人力资源部会说些什么吗？这个问题不解决，他以后的工作表现将会怎样？

第一节 自我决定理论

一、自我决定理论的定义

自我决定理论是关于人类的动机、人格、发展和幸福的宏观理论,研究个体行为的自我激励或自我决定程度。该理论强调个人的行为是由其自身先天内在的倾向为基础,并且所处的外在环境对其先天倾向也存在重要的影响。

自我决定理论认为人是积极的有机体,具有心理成长和发展的潜能,倾向于以自我决定的方式与环境发生交互作用,从事他们感兴趣的、有益于其成长和发展的活动。自我决定既是一种潜能,也是一种积极的需要。这种对自我决定的追求构成了人类行为的内在动机。此外,该理论还认为,人虽然有心理成长和发展的先天倾向,但这种倾向的自然表现有赖于一定的环境因素,有赖于人们的基本心理需要的满足,这是积极动机形成的前提条件。

二、自我决定理论的内容

自我决定理论的内容分为三个部分:一是基本心理需要,介绍自主需要、能力需要、归属需要以及这三种需要与幸福感的关系;二是自我决定动机,包括认知评价理论、有机整合理论两部分,内容涉及内在动机及其影响因素、外在动机及其内化过程以及内在动机与外在动机的关系;三是自我决定动机的个体差异,介绍因果定向与目标内容理论。

（一）基本心理需要

自我决定理论认为，个体的健康成长及最佳机能的实现，都有赖于自主需要、能力需要和归属需要这三种基本心理需要的满足（图6–1）。这三种基本心理需要是人类先天固有的、普遍存在的发展需求，不因文化背景的不同而有差别。基本心理需要的满足促进个体成长和心理发展的潜能的表达，个体不仅会有健康的心理状态和完整的人格，能够有效地执行各项机能，而且会形成自我决定动机。下而我们分别对这三种基本心理需要以及它们所带来的影响进行介绍。

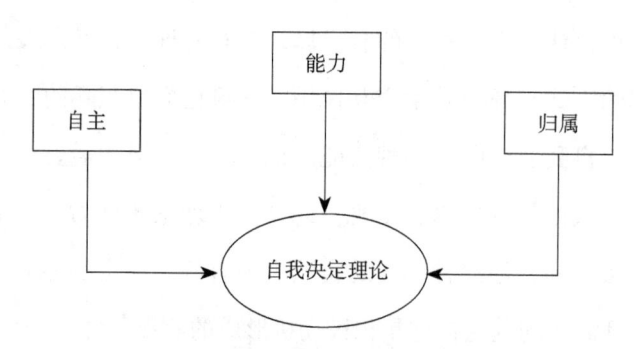

图6–1　自我决定理论的三种基本需要

自主需要即自我决定的需要，是个体体验到的对行为的选择感和自主感。如在某项活动上的意志不受阻碍，可以自由地发表自己的看法，在某个活动上具有较高的自我决定程度，例如发起、调节和维持自己的行为。当这种需要得到满足时，人们会体验到个体的自由，感受到的是一种内部归因，自己能主宰自己的行为。如何帮助新生代员工获得自主感呢？首先要给他们提供与活动相关的信息，为他们的行动提供充分的选择；接受他们的"参考系"，理解他们对当前状况的想法，态度和需求；在他们遇到困难时，理解他们感受到的消极情绪。这些做法看起来很复杂，就是将人的重要性提高至其他一切外在价值之上，承认作为一个人本身所具有的价值，这种价值或重要性是无条件的，不以其他外在的奖励或评价而改变。

能力需要是指人们希望完成困难和具有挑战性的任务，以获得所期望结果的需求。个体对自己的行为或行动能够达到某个水平的信念，相信自己能够胜任该活动，并且在这种需求得到满足时，人们会体验到掌控感、成就感和控制感。能力需要得到满足的个体会表现出较高的自信心和自我效能感，他们更容易接受挑战而不是去逃避它们，并且会在挑战性任务中找到乐趣。自信心往往是建立在以往成功的基础之上的，最初的成功经验对于个体而言非常重要，直接关系着是否能在今后取得更大的成就。当我们处于失利或逆境的时候，对自己的评价也会降低，此时别人的鼓励会显得很重要。由此可见，在管理新生代员工时，我们可以多考虑去满足他们的能力需要——给他们设置具有挑战性但又可以达到的目标并给予适时的表扬和称赞以提高他们的自我效能感和自信心。

归属需要指人们与他人建立相互尊重和联系的需求。个体与某人相联系或属于某个团体，从而获得来自周围环境或其他人的关爱、理解和支持的需要，它的满足让人们体会到归属感。归属感与所处的群体有关，在一个关心、喜爱、尊重我们价值的群体中，我们会感到有归属感。因此，增强新生代员工归属感有赖于对他们个人价值和未来的关注，让他们参与到企业的管理当中，同时增强企业自身的文化建设。在对新生代员工进行管理时，我们可以为他们提供充满理解与关爱的合作性工作氛围，以提升新生代员工对工作的积极性和对企业、岗位的忠诚度。

（二）自我决定动机

自我决定是每个人努力追求的目标，它代表着个人发展的理想状态。自我决定动机到底是什么？自我决定动机与其他动机有什么异同？它对我们的生活有着怎样的影响？想要这种动机在我们生活中发挥作用，我们又需要怎样的帮助？

自我决定理论认为，人的所有行为的动机类型都处在一个自主性程度的连续体上，由高到低分别为内部动机、外部动机与无动机。

内部动机是指为了活动过程本身所体验到的快乐和满足而从事某种活动，它是人类固有的一种追求新奇和挑战，发展和锻炼自身能力、勇于探索和学习的先天倾向，表达并代表了个体内部的"机体成长过程"（organismic growth process）。它与个体的内部因素如兴趣、满足感等密切相关，是高度自主的动机类型，代表了自我决定的原型。

外部动机是指人们不是出于对活动本身的兴趣，而是为了获得某种可分离的结果（separable outcome）而去从事活动的倾向，例如为了获得高分或避免受到惩罚等。事实证明，过去对于内部动机和外部动机的划分过于简单，近年来的研究将外部动机下的行为调节方式又细分为外部调节、卷入调节、认同调节和整合调节四种自主程度不同的行为管理方式。外部调节、卷入调节的自我决定程度较低，被称为控制性调节（controlled regulation），而认同调节和整合调节的自我决定程度较高，也称为自主性调节（autonomous regulation）。它们与内在动机以及无动机的关系见表6–1。

表 6–1　Deci 和 Ryan 提出的自我决定连续体

行为	非自我决定					自我决定
动机	无动机	外在动机				内在动机
调节类型	无调节	外部调节	卷入调节	认同调节	整合调节	内部调节
感知到的归因点	非个人的	外部的	有些外部	有些内部	内部的	内部的
有关的调节过程	无意向的、无价值的、无能力的、缺乏控制的	顺从的、外部的奖赏和惩罚	自我控制的、自我卷入、内部的奖赏和惩罚	个人的、重要性、有意识的、赋予价值	一致、觉知与自我整合	兴趣、享受、内在的、满足感

无动机是最缺少自我决定的动机类型。它的特点是个体认识不到他们的行为与行为结果之间的联系，对所从事的活动毫无兴趣，没有任何外在的或内在的调节行为以确保活动的进行。如无动机的学习者认为学习毫无意义是在浪费时间，或者认为自己没有能力学好，没有获得成功的渴望。

1. 内在动机的分类

瓦勒朗（Vallerand，1997）把内部动机分为三种类型。

（1）了解刺激型（IM-Knowledge）

它是指个体为了获得新的知识，了解周围的事物，探索世界，满足个人好奇心或兴趣的动机类型。如：喜欢了解说英语的国家的人们的生活方式。

（2）取得成就型（IM-Achievement）

它是与个体试图达到某一目标或完成某项任务相关的动机类型，在这种动机的调节下，个体遵循内在需要，迎接挑战，超越自我。与了解刺激型动机比较，它具有更多的自我决定的成分。如：在英语课上表现良好会感到很高兴。

（3）体验刺激型（IM-Stimulation）

它是最具有自主性的内部动机形式，个体把行为完全接纳为自我的一部分。在这种情况下，个体从事某种活动是为了行为本身内在的快乐。在这种动机驱动下的外语学习者通常认为学习英语是一种爱好或享受，在听或者说英语时感到很愉快。

2. 内在动机的影响因素

自我决定理论认为，能够满足个体能力感、自主感和归属感的社会环境对个体的内部动机有促进作用，而破坏个体的自主感和归属感的社会环境则会对其有阻碍作用。这些因素具体说来包括个体所从事任务的特征、奖励、反馈及人际氛围。

（1）任务特征

对内在动机有促进作用的任务的特征有挑战性、自主性、完整性和重要性等。中等挑战性的任务难易适中，能够使个人的技能水平和挑战度相匹配，把个人的积极性最大限度地调动起来，并且有利于个体能力需要的满足。但只有最佳的挑战任务才能使学习者对活动感兴趣，能够产生积极反馈并增强任务的内在动机。

另外，具有完整性和重要性的任务能够增强个体对自身价值感的认知，增强个人的能力感，从而提高个体的积极性和自主性。最后，具有创造性和自主性的任务外部控制较少，具有开放性的结构，能提供更多的选择和自我决定的机会，满足个体的自主需要，从而促进个体的内部动机。

（2）奖励与反馈

行为主义心理学家认为奖励和积极的反馈是强化行为的重要因素，是期望的行为出现的重要条件。从自我决定角度而言，它们本身也是个体能力的证明，能够满足个体的自我效能感和能力需求。现场研究发现，如能够帮助个体解决工作上的问题和困难，即便是消极的反馈，也不会降低个体的内在动机水平。这弱化了能力需求对于内在动机的重要性，在获得了自己如何做得更好的信息之后，即使是暂时的失败也不会损害个体的内在动机。

通过深入的研究，德西（Deci）和瑞安（Ryan）发现，外部反馈对个体自主性作用的关键在于其信息性或控制性。外部事件对个体主要有两方面的作用：信息性和控制性。信息性的反馈能够促进内在动机，因为它给个体提供了关于自己的优势、完成任务的过程以及改进方法的信息，事件相关的主体是个人，个人的潜力得到了充分的认可，因而它能充分满足个体的自主需求。对于新生代员工而言，信息性的积极反馈不但能让新生代员工体会到自我能力感，而且能够促进员工的自主感，让他们能够从自身出发找问题。

控制性的反馈强调外部标准，看个体的活动成果达到了怎样一个水平，个体本身的重要性退居其次了，即便积极的反馈肯定了个体的效能，满足了其能力需求，却也因为降低了个体的自主感从而削弱了其内部动机。在德西的经典研究中，中途被给予奖励的个体容易忽视那些活动的内在价值，将外部报酬作为自己行为的动机，产生外部归因，而外部归因更多的是控制性的反馈所带来的效应，会降低个体已有的内在动机。这也解释了为什么并非所有奖励都对内在动机有益。

(3) 人际氛围

人际氛围对于心理感受和状态非常重要，即便是奖励，来自他人的社会性的奖励对于员工也更有激励作用。员工所感受到的对自己生活的自主感，也是我们所感受到的在群体中的重要性。如果与生活密切相关的群体或较为重要的人能够理解并认可我们的观点，给予我们关心、支持性信息和选择、最小的压力和控制，对提供给我们的建议和要求给出有意义的理由，支持鼓励我们独立探索，当遇到困难时能从我们的角度出发理解我们，我们感受到的就是一种自主支持性的人际氛围。这种支持本身就包含了对个体情感的关心和接纳，对能力的信任，因而能让我们体会到能力感、归属感和自主感，能够决定我们的自主性以及内在动机水平。

不同的环境因素对内在动机以及个人自主性的影响主要在于是否满足了个体基本的心理需要，三种需要的满足推动个体的行为向更高的自我决定程度发展，其中自主需要的满足对内在动机的产生最为重要。环境仅仅提供对自主性需要的支持，就足以让我们体验到能力、归属和自主感，特别是这种支持来自我们生活中的重要他人，如父母、导师、同伴、领导等。当然，我们也在随时充当着别人的重要"他人"。如果我们的生活目标建立在努力理解他人、建立友好关系以及贡献的基础上时，这种相互的支持一定会极大地提高我们的生活品质以及主观幸福感。

（三）外在动机及其内化过程

良好的社会支持有利于个体形成高度的自主感和内在动机；但当这些条件难以满足的时候，个体会形成外在动机驱使行为。即便是外在动机调节的行为处于自我决定的连续体上，也会因不同程度的自主性而形成四种不同的行为调节方式。决定它们在自我决定程度上的差别的主要因素是个体对外部价值的内化程度。以下就由低到高分别予以介绍。

1. 外在调节型（external regulation）

它是指个体的行为完全遵循外部规则，其目的是满足外在要求或是获得附带的报酬。外在调节是外部动机最具控制性的形式，个体行为完全受到行为结果的影响，个体体验的自主程度最小，是行为主义心理学家集中研究的动机类型。当去掉控制性的条件时，行为就很难维持了。例如：学习外语是为了找一份好工作；努力学习的主要原因是取悦父母、获得奖励等。

2. 卷入调节型（introjected regulation）

它是指个体吸收了外在规则，但没有完全接纳为自我的一部分，是相对受到控制的动机类型。在这种情况下，人们从事一项活动是为了避免焦虑或是增强自我，以使自己符合别人的标准。在这种动机的支配下，人们去做某件事是为了展示自己的能力（或避免失败）以维持价值感，还没有体会到这件事情是自我的真正部分。例如：学习外语是因为如果不能用外语跟朋友交流会感到难堪；在踢球之前要先将学习完成，不然就会觉得内疚。

3. 认同调节型（identified regulation）

它是指个体对行为目标或规则赋予了价值，并接纳为自我的一部分。个体更多地体验到自己是行为的主人，感觉到更少的冲突，它含有更多的自主或自我决定的成分。如：学习生理学和解剖学的原因是这些知识对自己将来发展很重要。

4. 整合调节型（integrated regulation）

它是指个体产生了与自我价值观和需要相一致的行为。当认同性调节自我充分内化时，就出现了整合调节。如说学生学医的原因在于这个职业能够让他帮助那些有需要的人，而这与他一贯的价值兴趣相符合。

三、自我决定理论对新生代员工管理的应用

在现代组织中，管理从对物的管理转移到对人的管理。对管理者而言，员工的热情和动机是决定组织效率和文化氛围的重要因素。内在动机使得员工因为工作本身的挑战性、趣味性而努力工作，接受挑战。它与员工注意力的集中、工作的投入、良好的工作绩效以及创造性有密切关系，专注的工作会带给员工沉浸体验，这让他们对工作有更积极的体验。员工在内在动机的推动下从事生产和工作，是每一个管理者都期望达到的目标。

从员工的角度而言，在工作中完全由兴趣推动的工作行为是极少的，而物质奖励、晋升、监督管理等外在激励可能对于他们才是常态。如何让员工更好地内化这些外在价值，提高外在动机的自我决定程度，提高自己对工作和生活的主观感受，这也是组织所面临的现实问题和挑战。

通过对内在动机及其影响因素的学习，可以了解到为了提高员工的内在动机、任务的特性、奖励方式以及人际氛围都是需要考虑的因素。开放性的任务、信息性的评价和积极反馈以及支持性的人际氛围有利于员工内在动机的培养；而枯燥的任务、条件性的奖励、最后期限、惩罚的威胁以及监管和评价对于员工而言是压力和控制，不利于员工提高自主性。

控制性评价对提高重复机械的简单任务的效率更有效，而信息性评价带来的自主动机则更能促进相对复杂的、具有一定开放性的任务。另外，外在奖励会削弱已有的内在兴趣和动机，那么信息性的积极反馈会对本来就有兴趣的工作任务产生很好的促进效果，奖励所带来的外在动机对于重要性大于兴趣的任务有更好的促进效果。在涉及任务完成的情况下，不同的反馈有着不同的作用，但是若论及员工的主观幸福感和工作满意度时，信息性的反馈所带来的自主动机就有了决定作用。

在实际职场中，人际氛围是一个重要的影响因素。因为组织中的具体任务、制度性的规定，如绩效奖励、评价体系等往往是较难变动的，但是人际氛围总是跟随不同领导者的风格以及他们自身的调整而带给员工不同的感受。而且研究者们发现，环境事件是信息性的还是控制性的，往往是由它所处的人际背景决定的。当一个人的交流风格是偏向控制的，信息性的积极反馈也会被认为是控制性的。反之，限制性的环境也会被认为是信息性的，这取决于事件发生的人际氛围。奖励发放的形式也会决定绩效奖励计划是信息性的还是控制性的，因而组织中的管理者的自主支持在员工内在动机上将会起到重要的作用。

领导的自主支持在于对员工自主、能力和归属需要的满足，基本需要得到满足的员工会主动认同并内化其工作价值，整合工作自我与其他部分的自我，和谐性更强，因此内在动机更高。德西等人采用问卷调查法搜集员工全年的绩效评价指标，发现领导的自主支持显著性地预期员工的自主、能力、归属三种心理需求，最终显著性地预测员工的工作绩效与幸福感。

员工的自主性可以通过自上而下的管理方式的改善得到提升，员工本身的工作价值定向（work value orientations）和目标内容也对员工的工作满意度和工作结果有着重要的影响。马尔卡和沙特曼（Malka，Chatman，2003）将工作价值定向定义为与工作有关的强化偏好，或是在工作环境中看重特定类型的激励的倾向。内部的工作价值定向包括，工作是为了锻炼自己的能力、实现自我以及为社会做贡献；而外部的价值定向则包括为了获得物质上的成功，控制或影响他人，占据有声望的位置。不同的价值定向会给员工带来不同的心理和行为结果。外在工作价值定向不仅与较低的工作满意度、离职行为等消极的工作结果有关，也导致员工将工作的压力带回家庭，引发工作与家庭的冲突，影响员工整体的心理健康水平。

研究发现，领导风格对员工幸福感和工作成效产生影响，主要通过是否满足了他们的基本心理需求；不仅如此，众多社会环境和个体特征，如工作环境和员工个人价值取向等也通过同样的方式影响着员工的内在动机和自主性（张剑，郭德俊，2010）。

第二节 代际理论

新生代员工已成为社会经济发展的重要力量，并逐步成为各类组织中的核心成员，对社会结构、经济和政治都产生了深刻的影响。科学的代际理论是界定新生代员工的基础。代际研究起源于西方，研究内容主要包括代的定义以及代际差异产生的原因、维度、组织的影响和管理措施等方面。

一、"代"的定义

对"代"最有影响力、最经典的定义之一是社会学家卡尔·曼海姆（Mannheim，1952）提出的："代"包括两个因素，即个体共同处于特定时间段以及共同参与关键历史和社会事件并有相同的感知和理解。目前社会学和心理学领域关于"代"的定义大多是基于曼海姆的理论，如目前引用最多的是库珀施密特（Kupperschmidt，2000）的定义：在同一历史和社会文化背景下出生，目前处在同一年龄阶段，且在关键的成长阶段共同经历过重大的人生事件的个体构成的独特群体。国内学者也有类似的研究。如廖小平和何方（2004）认为所谓"代"，就是具有类似年龄且具有共同的社会文化认同的共同体。葛道顺（1994）指出"代"具备自然和社会双重属性，自然属性指人的年龄特征，社会属性指的是代的本质特征在于人们价值观以及行为范式的选择。综合学者们对"代"的阐释，可以将"代"理解为具有类似的出生年代和年龄阶段，在关键成长阶段共同经历重大历史事件和受相同社会文化环境影响的社会人群。

每一代人所处的社会文化环境和经历的重大历史事件的差异使得不同时代的人们在传统观念、信念、心理和行为等各方面会有较大的差别，即代际差异。它是社会发展中的客观现象，为社会带来多样性和种种挑战，但同时也是社会发展的推动力，正是由于代与代之间的差异，推动着社会在代与代的更替中前进。但是代际差异会因社会环境和条件的不同以及社会文化变迁的缓急，而表现出代与代不同程度的差异、隔阂和冲突，需要正视代际差异所可能带来的问题。代际差异在组织中也是存在的，不同代的人们在一起工作，性格、价值观、处事方式等的差异必然使得工作中人际互动复杂化，观念冲突和沟通障碍等会给人力资源管理带来新的挑战,因此要更好地认识代际差异的内容及其可能带来的影响。

二、代际差异产生的原因

代际差异产生的原因是不同时代的个体所经历的共同关键历史和社会事件的不同,其中有些事件会对个体的性格、价值观产生稳定而深刻的影响。这些造成代际差异的事件往往是社会文化环境的重大转折点或转型期,是一个代群经历而其他代群没有经历的,或者事件不是在个体社会化的关键时期经历的。例如经济危机、自然灾害和战争等。每一代都是经历了所处时代发生的关键事件而成长的,因此每一代的特点都与其之前或之后的一代不同。

以中国的"90后"一代为例,他们与"80前"存在明显差异的原因是:"90后"没有经历过计划经济和物资短缺的年代;由于计划生育政策,"90后"几乎都是独生子女,因而整个家庭结构也向"421"转变,整个家庭教育的环境发生转变;"90后"还是伴随着信息社会成长的一代,他们伴随着互联网、手机以及众多的即时通信工具软件共同成长。这些经济、政治、科技等的变化发展的重大社会环境对于"90后"的成长产生了极大影响,形成"90后"独特的特点。美国的代际研究大多将目前的美国人分为四代:传统一代(出生于1945年以前)、婴儿潮一代(出生于1946—1965年)、X一代(出生于1964—1979年)、Y一代(出生于1980年以后)。他们在成长社会化的关键时期经历了不同的关键事件。传统一代经历了二战;婴儿潮一代经历了越南战争、民权运动、肯尼迪被暗杀、水门事件等;X一代成长于经济、家庭、社会都缺乏安全感的世代，见证了美国全球力量的下滑；Y一代则经历了前所未有的科技的迅猛发展。

三、组织中代际差异的内容及其影响

本小节从组织人力资源管理的视角，从员工开始进入组织之后的四个过程，即选人、育人、用人、留人阐述代际差异的内容。

（一）选人

在选人，即招聘与甄选环节中，对求职者特质的测量往往是重要的内容之一。组织运用标准化和客观化的方法测量求职者的人格特质、职业适应性和能力倾向。由于这些特质具有相对的稳定性，会显著影响到他们在组织环境中的态度和行为反应，并能够预测求职者未来的工作绩效。而环境因素对于人格的塑造起着重要作用，因此，代际差异可能会影响组织中不同代员工的人格特质。

一种观点认为，人格特质存在代际差异。不同代人的人格在自尊、自恋、焦虑、压抑、社会认可需求、控制点等人格特质上存在差异。更为年轻的Y一代（出生于1980年后）在自尊、自恋、焦虑和压抑程度上较高，对于社会认可需求度低，更多属于外控型的人。在瑞典和荷兰的研究中也有类似发现，其中瑞典的年轻一代的神经质、外向性和责任心较高，荷兰的年轻一代对于经验的开放性和宜人性都在上升。中国改革开放一代对于变化变革的开放性比起他们上一代要强。美国的X一代对于变化的开放性和自我强化要强于他们上一代。

另一种观点显示不同代人的人格特质和动机方面差异不大。一项针对澳大利亚婴儿潮一代、X一代、Y一代三代人的人格与动机研究表明，三代人之间的人格特质因素（包括进取心、亲和力、乐观性、寻求变化性、独立性和责任心）以及动机因素（包括权力、工作投入、舒适和安全、晋升、个人成长和交往）的差异不大。

（二）育人

育人是员工进入组织之后，组织对员工的培训与开发阶段。员工进入组织后首先面对的是组织价值观与员工工作价值观之间的差异与冲突。工作价值观体现在个体在工作中对相关行为和事件进行重要性排序的过程中，反映了不同人对期待达到的结果与实现的状态的重要性程度不同的观念，超越了具体的情境，是人们一般工作情况下的内在信念。组织中的代际差异的研究大量集中于工作价值观代际差异方面。从全球各地的研究来看，普遍得出的结果是年轻一代更重视工作带来的个人成长，注重工作与生活的平衡。

美国对X一代和婴儿潮一代的横向比较显示，两类群体在工作价值观上截然不同。前者认为努力工作体现一个人的价值，因而主管是否在场不影响他们是否努力工作。但同时他们相对于老一代更多以自我为导向，对组织的忠诚度有限，他们将工作视为实现自己的目标而非组织的目标。年轻的X一代在寻求自我价值的同时，也关注工作任务的完成，但这两代人在工作挑战性的需求上没有差异。在工作生活平衡化方面，年轻一代更加重视休闲，认为工作并非生活的中心，"工作是为了生活"。他们比老一辈更加看重自由，追求工作与生活的平衡。婴儿潮一代的观念是"生活为了工作"。

（三）用人

在用人阶段，即员工在组织工作阶段，代际差异会导致不同代之间领导风格的偏好的差别以及不同代作为领导者时展现出不同的品质。

对领导风格偏好的差异被认为有可能是因为代际之间工作价值观不同而引发的。领导行为实际上非常复杂，不仅涉及领导者风格，同时还有下属的属性以及环境因素，目前对领导者、下属以及不断变化的环境等因素开展的代际差异研究非常少。忠诚、诚实、关心以及长远眼光这些品质在年轻一代眼中是次要的品质，他们关注领导者的雄心、想象力和决心。可信、授权、远见、说服力、足智多谋的特质在年轻一代的领导者品质偏好中排名较低，而敬业、可靠、专注、乐观、支持和信任排名较高。

属于不同代际的领导者本身也存在差异。年轻一代的领导者往往被描述为更有活力、关注自我、以短期目标为导向、愿意授权，但是不太冷静、不太周到以及不太愿意妥协。在几项领导者实践中，研究者发现了显著的代际差异——年轻一代领导者被描述为缺乏同情心和敏感度，更自我，似乎具有"快速学习"的能力，不惜一切完成任务，能让人放松，并专注于职业生涯管理。

（四）留人

员工的组织承诺与组织忠诚度会很大程度上影响员工的离职意愿，许多学者研究了组织承诺、组织忠诚的代际差异，现有的实证研究显示年轻一代的组织承诺感、组织忠诚度相较于前一代有所下降，他们更关注组织提供的平台。年轻员工对于转换工作的态度更加开放，他们对于自己职业发展维系于自我的成长，而非组织承诺带来的回报。而年长一代更愿意信赖个人与组织的心理契约，相信对组织的承诺和忠诚能够带来工作稳定和加薪回报，但是年轻一代更倾向于认为自己对职业发展负责，充分利用各种学习机会，为职业转换做好准备。

四、代际差异导致的员工管理问题

（一）代际差异影响人际关系

员工代际差异体现在新老员工性格特征、工作习惯和价值观等方面存在差异，这些差异比较容易造成新老员工间的相互不理解，乃至冲突与隔阂。这种代际差异最初可能不太明显，没有造成严重后果而被管理者忽略，久而久之新老员工正常的沟通交流会受到影响，不能建立起相对稳定的人际关系。

（二）代际差异降低工作效率

代际差异会影响员工的人际关系，人际关系会间接地影响到员工的日常工作。工作的完成是需要多人甚至多部门的配合的，如果员工间的人际关系比较恶劣，势必会导致配合不佳，影响到工作进程，降低工作效率。

（三）代际间距有损员工身心健康

代际差异会导致员工处于焦虑紧张的状态中，心理压力较大，容易产生心理问题，尤其是在企业不能很好地解决这些问题、疏导员工的情况下，这对员工的身心健康都是非常不利的。

五、代际理论对新生代员工的管理应用

（一）倡导和谐包容的企业文化

在企业文化方面，倡导和谐共处，提高对企业的共同归属感。新老员工因为性格、教育背景及过往经历的差异，在工作方式和对问题的看法等方面与新生代员工不相同。老员工更加了解企业的文化、制度规范，做事更踏实稳重，新生代员工掌握的理念、技能更加先进，更富于创新和冒险精神。企业文化应令不同的员工群体正确认识彼此的差异、尊重差异、取长补短，从而共同为企业的发展做贡献。切忌人为地扩大这些差异，忽视彼此的共同点，增加不必要的摩擦和冲突，更不应该对某些群体产生脸谱化的刻板印象，带着偏见与这些群体的员工交往。

（二）实行民主平等的管理模式

在管理模式方面，改变传统的管理理念，实现员工参与式管理模式。企业需要提供各种各样的渠道促进新生代员工和老一代员工的交流沟通，例如举行例会、开展员工活动、定期座谈、问卷调查、意见箱等，这样做能使领导者听取不同的意见、收集不同的信息，有利于做出更科学合理的决策，打破上下级的关系僵化，淡化等级观念。而且，不同的群体都有机会充分表达自己的观点，通过交流，认识到自己和他人的优势与不足，互相了解对方的想法，这从一定程度上起到了安全阀的作用，释放压力，减少剧烈的冲突。因为在参与被授权的过程中，他们感受到了自己是被企业重视和尊重的，他们有更多的机会自由发挥，这可以提升他们的工作积极性和责任感。

（三）实行公开透明的规则制度

在规则制度方面，企业应当尽最大的努力保证内部的公开公正公平，规章制度不能有明显的漏洞，实现工作程序化、规范化，做到对事不对人。尤其是在员工比较敏感的职位升迁与调动上，更要尽可能公开、透明，对老一代员工和新生代员工一视同仁。由于部分老员工知识、技能落后，已经不能适应企业的高强度工作，一些企业采取设立顾问的处理办法，把优秀老员工放在顾问的岗位上，让其凭借经验和能力对新生代员工给予指导和帮助，把原来的岗位让给年轻的员工。企业应该从制度上明确规定各个职位的晋升条件，从而使员工清晰了解自己的上升渠道和标准，在制度的保障下激励他们不断发挥自身优势、学习提升自己、正当竞争。

（四）为员工量身打造多元化发展路径

在职业发展方面，企业要做到吸引人才、留住人才、给人才更好的发展机会和更广阔的发展空间。企业应当给老一代员工和新生代员工提供更多元化的发展渠道，更广阔的发展空间，根据他们自身的情况结合企业长远目标合理辅助其职业发展，帮助他们减少不必要的阻力，实现自身和企业的双赢。如在培训方面，企业可以针对不同群体的员工制订不同的培训方案，老一代员工可能需要在知识技能上更新换代，跟上时代的步伐；刚刚走上岗位的新生代员工在很多方面需要善意的引导和指令，帮助他们学习人际关系技巧，调整他们的期望值。因为刚走上工作岗位的新生代员工对工作的期望值一般比较高，管理者需要帮助他们调整自身状态和心理预期，让他们逐渐接受可能与期望有所差距的现实，培养他们的耐心，让他们知道重复性的工作并不是对他们的处罚和轻视，而是工作的特性如此。

（五）针对员工需求设计激励制度

在激励机制方面，企业应该建立良性的激励机制，有助于激发员工积极的工作热情与动力，主动向着企业的目标努力。首先是薪酬方面，由于这是员工比较关注的部分，也是激励制度中的重要组成部分，无论新老员工，企业都应为其提供与个人的岗位、能力、绩效相适应的薪酬。薪酬保密制度是一把双刃剑，积极的方面是，企业通过薪酬保密保护自己的竞争优势，减少员工间的工资攀比，维持员工间的和谐气氛，减少产生不公平感的可能性，缓解人才流失；使企业的薪酬制度有更大弹性，管理者不必就所有的薪酬差异作出解释。消极的方面是，企业中不仅有正式群体的存在，还存在许多非正式群体，这就意味着通过非正式群体的交流，薪酬不可能是完全保密的，更何况人们不仅注重结果公平，还注重过程公平，因此这种保密制度会增加员工的不信任。其次可以设计多样化的奖励方式。设置创新奖，鼓励新生代员工给企业带来积极意义的创新性行为，肯定他们的想法和能力；设置特殊贡献奖，对在企业中兢兢业业工作的老一代员工给予足够的尊重与奖励；设置团队奖金，按照每一个体在团队项目中的发挥的具体贡献值计算并发放奖金，使新老员工既重视个人的绩效提升，又能够与他人协作带动团队绩效。在福利方面，实行弹性福利制，在法定福利和企业固定福利之外，为老一代员工和新生代员工设置各种可供选择的福利。如培训项目、购房购车补贴、子女教育补贴、旅游项目、亲子假日、补充养老保险等，由员工自行组合成福利套餐，既不增加企业的成本，又能满足员工的需求，增强激励效果。

第三节　社会交换理论

人与人之间的交往过程就是一个在社会生活中不断满足自身需要的过程，是一个人与和自己有依赖关系的他人共同协作而实现自身目的的过程。在这个过程中，他人同样是一个以自己的需要为出发点和最终目标的行为主体。因此，一个人让他人满足其需要的前提和条件是满足自己的需要，这也就是所谓的"交换"。交换理论对于解释人际交往方面的问题尤为适合，人的交往行为都是有目的的活动，这个目的可称之为获取某种回报。社会交换理论（social exchange theory）提供了检视人际关系的新角度。以朋友间的交往为例，交换理论认为友谊的维持是双方同时以付出时间、精力及对对方有所帮助为代价来换取对方的友情和相对应的帮助的过程。

一、社会交换理论的定义

社会交换理论兴起于20世纪60年代的美国，后在全球范围内广为传播。社会交换理论的主要思想是当事人会在获得回报的预期下，涉入并维持与他人的交换关系。该理论仅限于检验那些从他人处得到回报的行为以及被称为"交易"的过程和被称为"交换"的关系，而这些过程和关系具有双边、互惠、交互的特征。该理论假设利己主义者与另一方进行交易或交换是为了实现他自己不能实现的结果，一旦当双方感知不到交换是互惠的，这些交换将会被立即停止。利益交换或者给予他人相对更有价值的东西是人类行为的基础。

二、社会交换理论的内容

该理论认为各方都会有其他人想要的有价值的东西,交换的标的及其数量由双方共同决定。被交换的标的可以是经济资源也可以是社会资源,或两者兼有。经济资源包括有形项目,例如货物、货币、资产、信息、咨询和服务。社会资源包括那些无形的项目,如寒暄、友谊和声望。社会交换结果的价值取决于当事人的主观感受。然而,根据布劳(Blau,1968)的观点,在社会交换关系中最有价值的结果(例如,社会认可和尊重)却可能没有任何物质价值,且不能用价格来衡量。

(一)社会交换的形式

布劳在定义社会交换的同时,又分别定义了两种不同社会的报酬,内在性的报酬,是指从社会交往的关系之中获得的报酬,如快乐、社会认同等;外在性的报酬,是指在社会交往的关系之外获得的报酬,如商品、帮助、金钱等。

据此,布劳把社会交换分为以下几种形式:(1)内在性报酬社会交换。行动者参加这种交换的过程往往就是他参加这种交换的目的;(2)外在性报酬社会交换。在这种交换中,行动者把交往过程视作实现更长远目的的一种手段,而不是最终目的。外在报酬的社会交换,提供了行动者合理选择自己伙伴的客观且独立的标准。(3)混合性社会交换。这种交换既具有内在报酬性,也具有外在报酬性。

（二）人际传播中社会交换理论的特点

人是否必须与他人联系？解决这个问题是揭示人际传播意义的关键点。"人的本质必须在个体与另一个体的实质中思考"，这是马丁·布伯（Martin Buber）对人与人关系的基本认识。他认为，在社会生活中，人类无法避免与他人产生各种各样的关系。只有真正的人际关系才能使人成为完整的人，成为一个独特的存在。人只有在与他人的交往中才能完成自己作为完整人的构建，这一思想揭示了人际传播的重要价值。

社会交换理论是以经济学原理为基础的。社会交换理论的一个基本观点是，个人可能拥有某种可用于交换的资源，但又无法完全自给自足，出于功利需要产生了"支付-回报-再支付-再回报"的连续行动，而这正是社会关系与结构形成的动力。它强调人类的理性、相对利益的衡量、互换的交换模式，它由行为主义的观点切入，从个体到行动结果对人类的决策与行为过程进行检验，并对人类的社会行为做出解释，站在最合适的角度分析面对面的小团体人际关系。社会交换理论发展至今，已被广泛应用于探讨组织阶层、两性关系、家庭关系、行销关系以及知识分享等各个领域。社会交换论倾向于借助经济学原理对人的交往动机进行精确分析。社会交换理论表明，人际关系取决于互动双方所能获得的回报与付出代价大小的交换。如果人们在交往过程中所获得的回报比所付出的代价大，同时交往所传递的信息是人们想要知道的、可以得到好处的，如"好感""名声""经济效益"以及"感情需求的满足"等，那么人与人之间交往关系的发展就会相对顺利，否则将会不太顺利。从互换的正面结果看，交往者所得到的回报一定要比所付出的大，此种交往关系可谓令双方满意。交

第六章 研究新生代的常用理论和模型

换论者认为，正是这种交往动力推动了人与人之间关系的建立，并为持续交往提供了充分的价值依据。

如果交换代价太大，交往者的精力就会降低，那么他们很可能停止或抑制交往的发展，或者使已有的关系变得松懈。交换论的两位研究者为描述这一价值判断过程，特别提出了"比较水准"的概念，用于描述人们衡量关系的某种状态。"比较水准"在潜在的交往者中间就好像一道隐藏起来的拦水坝，如果交往活动经过利益与价值的衡量对比，其水准高出了这道水坝，那么它才具有吸引力。在发生交往关系时有很多种选择，"选择性比较水准"只是一种参考，现存的外在关系可能会给它带来最佳的收益，即"比较水准"是通过交往的回报减去代价所获的"净利"进行测量计算的。同时，当富有吸引力的外界关系变得越来越复杂时，人际关系的不稳定性也随之增加。此外，当现存关系的结果低于已有的"选择性比较水准"时，还可能出现追求回报而不得，却出现"偷鸡不成蚀把米"的意外。社会交换论在解释人际关系发生的动力时，暴露了对于追求回报或回报者过度追求的交往动机。对持有"使用"目的的交往者来说，只有明白交往价值大小之后，他们才能决定是否要与他人发展关系。就这类交往者而言，他们追求自我利益的实现，"无利不起早"为其主要的交往动力。社会交换理论显示，有人把关系视为一种"经济行为"，往往使得交往变成了交换，必要时则变成了"拉关系"，这种带有"经济行为"特点的交换理论比较准确地解释了人为何滥用关系的现象，找出了人与人相互利用的主要动因。社会交换论者则以利益为中心，靠理智判断得失大小的等级，以此来决定人际关系的存在和发展。这些理论对现实中一些"人际关系"具有一定的解释力，自从运用社会科学手段研究人际关系以来，人际关系理论一直都非常繁杂。

三、社会交换理论的衍生理论

社会交换理论有两个衍生理论：相互依赖理论和平等理论，这两个理论在人际传播和人际关系领域都很重要。

（一）相互依赖理论：选择和比较水平

互相依赖理论由提堡和凯利发展起来，这个理论本质上研究的是资源控制的问题。个体通过绝对比较标准和相对比较标准来评价他们从关系中获得的回报。绝对比较标准（CL）可以被看成是一个人相信自己应该得到回报，而相对比较标准也可以理解为一个人可能得到回报。

绝对比较标准是个体判断一段特殊关系多么有吸引力，多么令人满意的标准。个体对于某件事情产生的期望会使他们认为自己那些期望应该被满足。相对比较标准是在对那些可能的可以选择的关系进行考虑时，认为可以接受的最低程度的回报。我们选择维持一段关系的原因可能是我们没有更好的关系替代这段关系。当一段关系确实满足了你的最低标准时，你就会考虑相对比较标准。尽管你认为自己应该得到更多的东西，但是你并不确定自己是否可以做到这一点。

总而言之，个体通过特定的伙伴或者关系来考虑对于结果的控制程度。个体认为自己应该得到什么以及自己能够得到什么，并且照此行事。相互依赖理论认为，不管个体的认识多么不正确，当从一段关系中得到的回报比认为的更多时，个体对一段关系的依赖越强，而保持那段关系的可能性就越高。

（二）平等理论

社会交换理论认为个体会为了得到那些对我们来说的最大利益，而不去考虑别人的感受。但平等理论并不会这样认为，它认为除了考虑自己的利益以外，也会考虑互惠互利和公平问题。

公平可以被认为是在成本和代价上进行的平等分配。事实上，在长期的亲密关系中，公平交换很少对时间和资源进行详细的说明，相反，在任何一段交往中，公平或不公平的意识在不明显的关系中会不断积累增加。尽管互惠互利的时间会延长，并且被交换资源的属性是固有的，但平等理论的理论家认为，正是由于我们偏爱平等的关系，才使我们在某些时候会遇到不平等。

尽管依赖理论强调对资源的依赖或者控制，但平等理论强调的是公平。平等理论先驱亚当斯的"分配的正义"提出，人们会先思考再行动以便按照他们的努力分配回报。可能会出现两种类型的平等：第一种类型，你可能认为你的回报与成本的比率应该与你的伙伴相等。假如一段恋情中的双方都没有在这段爱情关系中投入很多，并且这两个人都没有从这段爱情中得到很多，那么他们两人则拥有相同的投入和产出比率。这两个人或许都希望一个临时的"没有束缚"的关系，都对对方要求甚少。在这个例子中存在着公平，因为双方都对这个安排感到满意。如果双方都投入很多，并且两个人都得到了很多回报，那么在这段关系当中也同样存在公平。而当一个人的努力与结果之比与另一个人不相同的时候，不公平现象就出现了。如果一个人对一段关系贡献了很多，而另一个人只贡献了很少，那么即便第一个人认为此关系是有回报的，但第二个人在没有付出相同努力的情况下却收获了相同的利益，不公平还是会出现。

在第二种类型的公平（不公平）中，引入了第三个个体来看待我们与他人的交换关系。当我们在与相同的交换伙伴（第三方）交换的时候，如果我们认为付出的努力与另一个人付出的努力相同，也会感觉到公平。例如你和一位同学参加一个合作项目，如果你们均分工作量，老师打给你们相同的分数，那么投入（在这个项目上的工作）和结果（分数）的比例是相等的。相反，如果你做了大部分的工作，而你的合作伙伴只做了一点，但你们得了相同的分数，你就会把回报的分配看成是不公平的。

不平等的关系会引起紧张，我们企图通过改变我们的结果或者投入来重建公平。亚当斯提出，我们通过改变我们的行动和认识来维持平等。也许会通过不在关系中投入太多，说服伙伴在关系中投入更多，或者结束关系来维持平等。平等理论认为公平或者公正的规则比个体对最大化利益的追求更重要。

四、社会交换理论对新生代员工的管理应用

只有当信赖和信任其合作伙伴时，人们才会参与到互惠互利的关系之中。管理者的工作是帮助员工与其组织和同事建立长期的、有回报的交换关系；帮助员工了解并信任他们的公司；帮助组织通过经济奖励（薪酬、福利、休假等）和社会奖励（不占用公司任何资源，诸如赞美、尊重、欣赏、友谊等）来奖赏员工。

员工对其组织长期就业前景的看法可以影响他们的组织行为。研究表明，当员工具有较低的工作安全感时，或者当员工没有将自己和组织未来规划在一起时，员工可能不会自愿帮助所在的组织，例如分享知识。然而，当员工具有较高的工作安全感时，他们乐于进行知识分享。因此，管理者的工作就是培养

员工对他们与组织之间长期信任和互利关系的看法，让员工看到：当他们投身于公司时，公司同样会给予他们回馈，并将其纳入公司的未来发展规划。

第四节　工作需求–资源模型

在职业倦怠的各种成因模型中，工作需求–资源模型（job demands resources model，JD-R）是近几年研究的热点之一，这一模型的发展和完善为探索应对新生代员工职业倦怠的策略提供了理论上和实践上的指导。

一、工作需求–资源（JD-R）模型的提出

近年来的研究发现，职业倦怠不仅存在与服务行业，其他行业中也存在这一现象。一些研究证明在非人际服务业中情绪衰竭与工作负荷量、时间压力、工作环境等因素存在高相关关系，而这些因素都体现了各种职业的工作需求。另外，人格解体在人际服务业中表现为远离服务对象，变得更加冷漠，而在非人际服务业中也以疏远、脱离或者对工作及职业角色的愤世嫉俗表现出来。无论是工作中的疏离还是冷漠都是由于工作中的物质、心理、社会资源没有得到充分的满足而导致的。在许多调查研究的基础上，德梅鲁蒂（Demerouti）于1995年在第五届欧洲组织心理学与卫生保健大会上论述了工作资源、工作要求及压力与倦怠的关系。德梅鲁蒂等（2001）正式提出了职业倦怠的JD-R模型，并且在各种职业中验证了该模型的普适性。

（一）JD-R 模型的内涵

许多专家在实验研究中指出了导致倦怠的具体因素，每种职业都有各自特定的导致倦怠的因素。例如，对于护士，患者的要求是最重要的倦怠产生因素；生产工人的工作量和缺乏自主性是最重要的问题；而对于教师，最重要的影响因素是与学生的关系。针对每种职业中不同的倦怠影响因素，德梅鲁蒂等（2001）提出的 JD-R 模型，其核心假设是每种职业都有它特定的影响倦怠的因素，不管这些具体的影响因素是什么，都可以归为两类：工作需求和工作资源。

工作需求涉及工作中要求持续不断的身体和心理努力的物质的、社会的和组织的方面，与特定的生理和心理付出有关。根据霍奇和詹姆斯（Hockey, James, 2003）的需求控制模型（control model of demand management），个体在应激源 - 工作需求的影响下产生了行为保护策略，这种行为保护是通过激活个体努力来实现的。这种努力的激活越大，个体生理上的付出就越多。工作资源也涉及到物质的、心理的、社会的或者组织的方面，它们可以促进工作目标的实现、降低工作要求，减少生理和心理付出以及激励个人成长和发展。一般资源分为外部资源和内部资源。外部资源包括经济回报、社会支持、管理者辅导等，内部资源如自主性、反馈和职业发展的可能性等。当资源缺乏时，个体无法应对高要求的负面影响，不能实现目标。

职业倦怠的 JD-R 模型指出了导致倦怠的两个潜在的心理过程。工作需求与工作资源分别与倦怠的不同维度存在高相关关系，由于工作需求过高及工作资源的缺乏，最终产生了倦怠，目前已有一些实证研究证明了这两个心理过程的存在。

（二）JD-R 模型与其他相关模型

从概念上来看，JD-R 模型与卡拉斯的工作需求 – 控制模型（job demand control model，JD-C）有许多相似之处。根据 JD-C 模型，工作要求和工作中的各种控制能力的缺失是导致倦怠的主要因素。工作要求对于抑郁、焦虑和倦怠等压力反应有决定性影响，特别是当职工缺乏自主性或工作控制时尤其如此。工作需求 – 控制 – 支持模型（job demand control support model，D-C-S）扩展了 JD-C 模型，假设缺乏来自同事和领导的社会支持可能限制了控制性在工作要求与压力反应之间的调节作用，所谓压力的工作环境不仅具有高工作需求，低控制，而且缺乏社会支持。

尽管有许多实验研究支持了 JD-C 和 D-C-S 模型，但是目前已经发现工作中大量其他因素也导致了倦怠，D-C-S 模型显然过于简单。JD-R 模型相对 JD-C 和 D-C-S 模型，虽然在概念上存在一些共同之处，但是 JD-R 不仅涉及到工作需求和工作控制及社会支持，还包含了其他方面，如自主性、反馈、职业发展可能性等，比 JD-C 和 D-C-S 更全面。

三、JD-R 模型与倦怠的两因素模型

MBI 是测量倦怠最常用的量表，但它存在一个心理测量学的问题：每一个分测验中使用的是同一方向的术语，即情感衰竭和人格解体维度的项目都是消极的，而职业绩效项目都是积极的。这种单一方向的测验效度较差，可能导致结果在某种程度上的虚假。因此，发展出了另一种测量倦怠的工具：OLBI （oldenburg burnout inventory）。OLBI 是基于不同职业进行构建和验证的，并且每个分测验所使用的项目既有积极的也有消极的。其理论基础是倦怠的两因素模型：情感衰竭和分离（图6-2）。分离是对工作对象、工作内容的消极态度。德梅鲁蒂等（2001）在一项对德国工人进行的职业倦怠研究中，使用 OLBI，考察了工作需求和工作资源对倦怠的不同维度的影响。结果证实了工作需求和工作资源缺乏分别与倦怠的情感衰竭和分离维度存在高相关关系，进一步提出了倦怠的发展遵循了两个过程：第一个过程中，工作需求带来了持续的过度疲劳，导致了情感衰竭；第二个过程，缺乏工作资源使工作变得非常困难，出现了退缩行为，这种退缩行为的长期后果是从工作中分离。

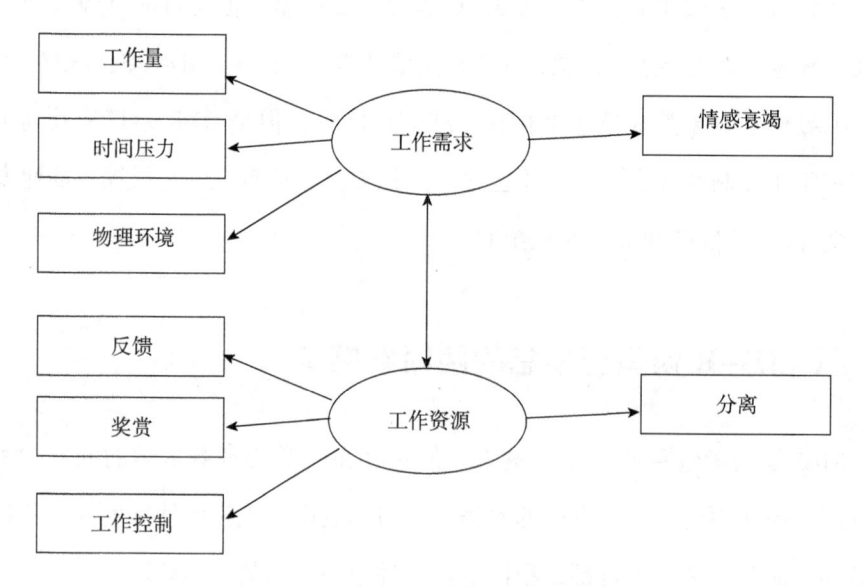

图6-2 JD-R 模型与倦怠的两因素模型图

四、JD-R 模型与倦怠的三因素模型

对于倦怠研究领域中广泛接受的倦怠的三因素模型（图 6-3），研究者检验了工作需求和工作资源与倦怠的三个维度的关系。阿诺德和贝克（Arnold，Bakker，2003）对四种不同的家庭护理业组织中的工人进行的一项研究，考察了工作需求、工作资源与情感衰竭、去人格化、失效感的关系，研究结果表明工作需求与情感衰竭存在高相关关系，而工作资源缺乏则与去人格化、失效感存在高相关关系。基于这一结果，研究者提出倦怠的形成过程中存在两个潜在的心理过程。第一，长期的工作需求可能最终导致情感衰竭，这一过程与两因素模型中的过程相同。第二个过程在本质上具有动机性。工作资源的缺乏将对个体的动机和行为产生决定性影响，最终导致从工作中的分离和自我效能感的降低。

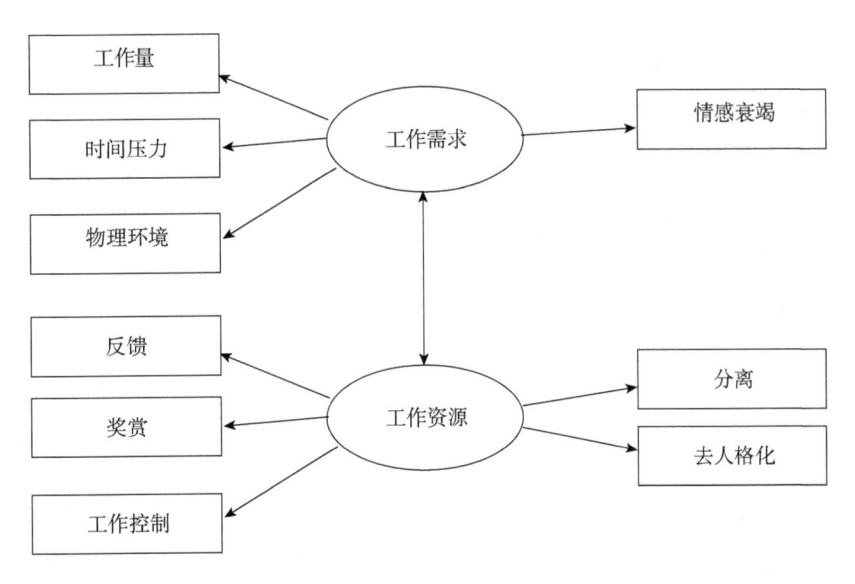

图 6-3　JD-R 模型与倦怠的三因素模型图

五、对 JD-R 模型的评价及应用

JD-R 模型从工作特性的角度对倦怠的产生做出了独特的解释,对各类职业中的工作设计具有重要意义。但是由于现有的资料对该模型一些重要的方面缺乏有力的验证,所以需要进一步的研究。

(一)模型中有关变量的操作性定义

在 JD-R 模型中,工作需求和工作资源分别与倦怠的不同维度存在高相关关系,但在不同的研究中却包含了不同的工作需求和资源。例如,有些研究中只包含了两种工作条件和两种工作资源,而在另一些研究中则涉及到多种工作需求和工作资源,使得所测量的结果实际上与模型的理论构想存在很大的差异。而且对于各种工作需求和资源的操作性定义也存在很大的分歧,如自主性和工作控制,在有的研究中被看作是相同的工作资源,而有些研究则看作是不同的资源,分别使用不同的项目进行测量。另外,对于工作需求,现在研究较多的是物理需求,关于情感需求的研究较少,而情感需求对人际服务业的工人尤为重要。对于工作资源,更多的研究集中于外部资源,缺乏对内部资源的研究。

(二)关于交互作用的研究

像 JD-C、D-C-S 模型一样,D-R 模型的一些研究中也没有探讨交互作用。而近年来的一些研究发现了工作要求与工作资源交互作用的存在。一方面,高的工作要求及工作资源缺乏导致了精疲力竭的感觉,这种感觉比单独的两个因素主效应情况下更强烈,它表明了充足的工作资源只能在一个有限的水平上缓

解倦怠。要想更有效地降低倦怠水平，还需要对工作要求的各个方面进行再设计。另一方面，当个体面对较少的工作要求时，工作资源对自我效能感的影响最大，极高的工作要求可能限制了员工的自主性、职业发展的可能性以及绩效反馈或社会支持。相反，在有限的工作要求下，工人有更多的时间去思考和计划自己的行动，发挥他们的自主性，获得更多反馈信息。工作资源与工作要求之间的交互作用对职业倦怠的影响，在目前的研究中还不够深入。

（三）JD-R 模型在新生代员工中的应用

JD-R 模型的研究仍然依赖于自我决定理论，它在一定程度上解释了工作需求与新生代员工工作疲惫之间以及工作资源与员工工作经历之间的关系。对于更适应自由的工作氛围的新生代员工而言，面对较多的工作要求，他们在满足基本心理需求的过程中更有可能受到阻碍，因此更容易感到疲惫。这个模型也有助于解释工作特征与职业倦怠和敬业度之间的内在关系。

第五节　公平理论

一、公平理论的来源

公平理论（equity theory）是由北卡罗来纳大学的心理学家亚当斯（J.S. Adams）在 1963 年提出的，也称为社会比较理论。理论指出，员工经常将自己的付出和所得与他人进行比较，比较的结果将对他们在工作中的努力程度产生影响，由此产生的不公平感将影响他们以后付出的努力程度。这种理论主要讨论薪酬的公平性对人们工作积极性的影响。员工将通过横向和纵向两个方面的比较来判断其所获薪酬的公平性。

它的基础来源于费斯汀格（Festinger，1957）的认知失调理论（cognitive dissonance theory）和霍曼斯（Homans，1958）等人的社会交换理论。

（一）认知失调理论

认知失调又名认知不和谐，是指由于进行了一项与态度不一致的行为而引发的不舒服的感觉。该理论认为，在一般情况下，人们的态度与行为是一致的，但有时候态度与行为也会出现不一致，如尽管有人并不喜欢同事不着边际的夸夸其谈，但为了给他面子仍然会言不由衷地恭维他。

费斯汀格在 1957 年的《认知失调论》一书中提出认知失调论，其基本含义为：当个体面对新情境必须表态时，个体在心理上将会出现新认知（新的理解）与旧认知（旧的信念）相互碰撞的状况，为了消除相互冲突而带来不一致的紧张不适感，个体在心理上会采用两种方式进行自我调适。一是对于新认知予以否认；另一种是寻求更多新认知的讯息来提升新认知的可信度，借以彻底取代旧认知，从而获得心理平衡。这一理论强调，当个人所采取的行为与一贯的对自我的认知行为，通常是正面的、积极的自我认知产生分歧时，从一个认知推断出另一个对立的认知时，从而产生了不舒适和不愉快的情绪。认知失调理论被广泛运用在解释个体态度改变的原因，是分析个人内在动机的主要理论依据。

(二)社会交换理论

该理论认为各方都会有其他人想要的有价值的东西,交换的标的及其数量由双方共同决定。被交换的标的可以是经济资源也可以是社会资源,或两者兼有。经济资源包括有形项目,例如货物、货币、资产、信息、咨询和服务。社会资源包括那些无形的项目,如寒暄、友谊和声望。社会交换结果的价值取决于当事人的主观感受。然而,根据布拉(1968)的观点,在社会交换关系中最有价值的结果(例如,社会认可和尊重)却可能没有任何物质价值,且不能用价格来衡量。

二、公平理论的基本内容

公平理论认为组织中的员工不仅关心通过自己的工作努力所得到的绝对薪酬,而且关心自己的薪酬与他人薪酬之间的关系。他们对自己的付出与所得和别人的付出与所得之间的关系进行比较并做出判断。如果发现这种比率和其他人相比不平衡,就会感到紧张,这种心理是进一步驱使员工追求公平和平等的动机基础。

公平理论对新生代员工管理的启示是非常重要的,它表明工作任务以及组织的管理制度都有可能对公平性产生影响,而这种作用对仅仅起维持组织稳定性的管理人员来说,是不容易察觉的。员工提出增加工资的要求,说明组织对他至少还有一定的吸引力。但当员工的离职率普遍上升时,说明组织已经使员工产生了强烈的不公平感,就需要引起管理人员的高度重视,因为这种现象意味着除了组织的激励措施不当以外，更重要的是组织的现行管理制度存在缺陷。

（一）亚当斯的比较公式

亚当斯通过大量的研究发现，员工们对自己是否受到公平合理的待遇十分敏感。他们的工作动机，不仅受其所得报酬的绝对值的影响，更受其相对值的影响，也就是说每个人不仅关心自己收入的绝对值，更关心自己收入的相对值。这里的相对值，是指个人对某工作的付出与所得与他人的付出与所得进行比较，或者把自己当前的付出与所得与过去进行比较时的比值。通过比较，就产生了公平或不公平感，用方程式表示如下：

$$\frac{O_p}{I_p} = \frac{O_r}{I_r} \cdots\cdots 公平（公平感）$$

$$\frac{O_p}{I_p} < \frac{O_r}{I_r} \cdots\cdots 不公平（吃亏感）$$

$$\frac{O_p}{I_p} > \frac{O_r}{I_r} \cdots\cdots 不公平（负疚感）$$

式中，I 代表投入，是指个人对自己或他人的努力、资历、知识、能力、经验、过去成绩、当前贡献的主观估计，也就是参与者认为自己所做出的值得或应该获取回报的贡献；O 代表所得结果，是指投入后所得到的奖酬，如地位、工资、奖金、福利待遇、晋升、表扬、赞赏、进修机会、有趣的挑战性工作等；下标 p 代表当事者；r 代表参照者，即所选择的比较对象。

人们在考虑自己总的投入量时，是把所有投入因素分别乘以相应的重要性加权，再相加起来的。用数学公式表示为：

$$I = \sum_{k=1}^{n} W_k I_k$$

式中，I_k 是各投入因素的量，W_k 是相应的重要性加权系数。

亚当斯公平理论的一个重要前提，是把所有的社会交往都视为一种广义的交换过程。在企业里，员工们以自己贡献的劳力和技能，交换到企业付给的奖酬。他们当然会把这些奖酬去和自己的贡献做比较，以直接判断此交换的公平性。但他们还常会找一个与自己的交换对象也发生交换关系的第三者，如同一企业的另一员工，与他进行间接的比较。

在判断分配的公平性时，人们当然可选择其他人作为参照者，也可以选择一个参照群体比较。这都属横向的人际性比较。

当事者 p 通过与参照者 r 比较，感到自己的投入与所得之比与 r 的投入与所得之比相等，便认为公平，因而心情舒畅，努力工作。

当事者 p 感到自己的收付比例小于 r，于是产生吃亏感。这时，当事者往往采取下列方式以求恢复公平感：①采取相应对策，改变自己的收付比例，如减少工作投入、降低工作质量与数量，或者要求增加收益，以达到平衡；②采取进一步行为，减少参照对象的收益或增加其投入，改变他的收付比例，以求平衡；③改变参照对象，即所谓"比上不足，比下有余"，获得认识上新的平衡；④退出比较。

当事者的收付比值大于比较对象，就是占了便宜时，也会感到内心不安，有一种负疚感。这时，当事者可能采取下列方式以求恢复公平感：①受到激励，增加自己的投入或要求减少结果，以减少负疚感；②通过认识歪曲或改变自己的投入、收益因素，如重新估计自己的贡献，从而达到心理平衡；③改变参照对象，即所谓"比下有余，比上不足"，获得认识上新的平衡；④把多得归结于运气好而回避心理不安。

亚当斯公式表明，一个人所获得奖酬的绝对值与他的积极性的高低并无直接的、必然的联系，真正影响人的工作积极性的是他所获得奖酬的相对值。也就是说，一个人的工作热情，并非只受"自己得到什么"影响，而往往要受到"别人得到什么"影响。一旦有了不公平感，奖酬对激励都不起作用。

（二）公平理论的扩展研究

心理学家对公平理论进行了扩展，提出了对感知到的公平或不公平情境的三种行为反应模式，分别为：仁慈型、公正型和接受型。面对相同水平的奖赏，不同类型的人的动机、工作满意度和工作表现各不相同。

仁慈型的人是利他的，他们得到的奖赏低于同事也不会不满意，而奖赏大于或等于同事时，会有羞愧感。公正型的人认为每个人应该得到平等的奖赏。当获得的奖赏少时他们感到忧虑，当获得的奖赏多时他们感到羞愧。接受型认为他们得到的任何东西都是应得的，只有超额奖赏才会使他们满足，奖赏不足或者获得平等奖赏只会令其沮丧。如果我们认为和其他人相比我们得到了平等的待遇，和我们的期望相一致，我们将受到激励从而维持我们的工作表现水平。相反，如果我们认为我们受到了不平等的待遇，我们将会通过降低我们的工作表现水平来减少不公平感。

三、公平理论对新生代员工管理的应用

公平理论的应用主要是要从分配公平、程序公平及互动公平等几个角度来提高员工的公平感，增强员工的工作动力与实现员工个人价值及组织目标。具体可采取以下几项措施。

（一）营造良好的组织文化氛围

良好的组织文化可以消除员工狭隘的个人主义，使其站在全局的高度看问题。由于公平感是一种主观感受，员工很容易把公平的分配结果和程序视为不公平，这就要求组织以良好的组织文化来引导员工积极看待问题，帮助员工形成正确的价值判断。有关研究表明，除了薪酬和职务晋升之外的诸如个人能力的提高、他人和社会对自己的尊重、对组织和群体的归属感、自我价值的实现等文化影响同样能改善员工对公平的主观感受，进而提高其工作积极性。

（二）建立科学的绩效考评和薪酬体系

根据分配公平的理论，影响员工分配公平感受的核心有两个方面：一是投入，二是报酬。对员工做出科学、准确的评估，是员工获得分配公平的基础。而与此相关的薪酬则是获得分配公平的关键，要把握分配公平就要把两者结合起来统一规划。其中，薪酬体系的建设应主要考虑两个方面：内部公平和外部公平。内部公平是指要按照员工的岗位、业绩，将员工的薪酬分门别类，形成一套内部薪酬系统，让员工在相互比较时，感受到分配公平。外部公平则主要是指遵从市场经济的法则，尽可能使行业上相近或有可比性的岗位具有相似的薪酬。如果差距太大，就容易使员工产生不公平感，进而引起消极行为。

（三）各有依据，适当分配

政策的稳定性和可完善性是程序公平的重要组成部分。如果组织政策的变更过于剧烈和频繁，就会与程序公平中的一致性规则相矛盾，使员工无所适从并产生不公平感。因此要保持分配政策的稳定性和必要的可修改性，才能不断改进和完善政策和措施。

亚当斯的公平方程式是建立在贡献律基础上的，这是一种谁贡献大谁就该多得的分配律。除贡献律外，还存在着平均律、需要律等其他分配律。平均律是一种不管贡献大小和其他条件平均分配的公平观，需要律是谁最需要就分配给谁的公平观。

不同的分配律各有其适用的条件和范围。到底采用哪种分配律，主要受分配者和接受者的个人特点和利害关系的影响。一般来说，聪明能干的人拥护贡献律，认为多劳多得是天经地义的；家境困难和老弱病残的人认为需要律是最合理、最人道的公平标准；能力低、手脚笨的人很可能赞成平均律，认为人人均等才是绝对公平。一些研究结果表明，多数人认为按劳付酬的贡献律才是最合理的，因为它能促进生产力的发展。奖酬分配律的选择，见表6–2。

表 6–2　奖酬分配律的选择

分配律	适用情况	影响因素
贡献律	1. 目标是最大限度提高群体的生产率 2. 完成任务无须太多相互合作	1. 期望奖酬接收者干些什么 2. 其他人分到了什么 3. 奖酬分配者本人的贡献和收益 4. 任务的艰巨性与对工作者能力的认识 5. 分配者与工作者的个人特点

续表

分配律	适用情况	影响因素
需要律（又称社会责任律）	1. 奖酬分配者之间有亲密的私人友谊关系，或他觉得对奖酬接收者的利益负有责任 2. 分配者个人事业顺利，自觉能力很强，足以把握局势	1. 对需要本身合法性与正统性的认识 2. 需要的性质（如是否个人无法控制的、先天的等）
平均律	1. 目标是最大限度实现群体内的和谐，尽量减少矛盾 2. 很难评定或判断工作者的贡献或需要 3. 奖酬分配者的认识能力差 4. 要完成任务必须高度合作 5. 奖酬分配者跟低投入的工作者以后会有较多交道要打	1. 奖酬分配者的性别（例如，女性比男性一般更倾向于使用平均律等） 2. 任务的性质

由表 6-2 可知，每种分配律都有适用的条件，应适当选取。例如：没有有效的绩效考核办法或者分配者认识能力差，就不能采用贡献律；不了解下级具体需要，也无法使用需要律。实际上，即使在西方企业中，也不是把贡献律作为唯一的标准，往往同时采用几种不同的分配规范，如在遵从贡献律的前提下，适当考虑年资的因素，兼顾平均律和需要律，以保证人们的基本生活需要和对弱者的福利照顾。

（四）完善员工参与制度

实践表明，不管最终的分配结果是否公平，只要员工有实际参与的权利，公平感就会显著提高。虽然上级和下属之间权力距离比较大，但如果提供员工参与的渠道，下级就会有表达自己意见的机会，这将有利于通过相互沟通增进相互理解，进而提高公平感。适合员工民主参与的内容很多，如组织的发展战略、分配制度、奖励制度、晋升制度和考评制度等的制定和实施。员工参与企业制度的制定和实施也有利于改善员工与管理人员的互动公平。

📖 读一读

年轻人如何为自己的生活导航

现今社会处于高速的发展和变化中，种种现实压力使得年轻人疲于应付、手足无措。如何更好地应对成长不同阶段的挑战呢？在这个小板块中，我们将带你走进年轻人的成长历程，通过萨尔梅拉（Salmela-Aro，2010）的研究和描述，形成不同的动机定向和目标，为自己的人生导航的。

青少年时期，随着自我意识的飞跃，我们开始对自己的生活有了更多的主动调节和掌控。人生的扁舟开始根据环境的要求和外界提供的机会为自己设定航道（channeling），使得生活有了目标。青少年有着不同的目标（choice），无论是成绩、职业、朋友圈中的重要性，还是财富、家庭、自我，这些目标大体可以分为与过去自我相关、与现在相关、与未来能力相关的三种不同类型的目标。与未来能力相关的目标包括未来教育、工作和财富；与现在相关的目标包括朋友、休闲、家人和学校目标；而典型的过去自我目标是：做一个更快乐的人。这三种目标与将青少年的精力导向未来、现在和过去。男生更倾向于选择与未来能力相关的目标，女生更倾向于选择与现在或自我相关的目标。

不同的目标与青少年的幸福感有很大的关系。形成自我相关目标的青少年在学校中更经常表现出精疲力竭、压力综合征以及抑郁症状，拥有与现在相关目标的群体的生活满意度最高，而拥有未来能力定向目标的个体具有最高的自尊水平。我们会发现，这三种定向分别与自主、归属和能力需求的满足相对应。工作和教育目标与能力需求的满足有关，朋友和休闲目标与归属需求的满足有关，自我相关的目标与自主需求的满足有关。由此我们看到，能够及时调整目标以符合当下生活情境要求的青少年，会有更强的幸福感。

进入大学之后，个人的目标开始随着要求、任务和角色的转变而有所变化。与教育相关的目标开始减少；与交友相关的目标在大学第三年的时候开始减少；与工作相关的目标在第三年首次开始增多，之后保持平稳；同时，与家庭、健康相关的目标开始增多。虽然大学生活的开始几年，其挑战和要求涉及承担学生角色，与同伴发展友谊等，但之后这些角色开始向成人、员工、配偶和父母的角色转变。能够在角色变化的基础上调整个人目标的个体有着更强的幸福感，如，在此阶段，与家庭相关的个人目标与较少的抑郁症状相联系，而自我聚焦的目标则与更多的抑郁症状相关。

目标形成之后会对年轻人的行为起到调控的作用，而对于他们的顺利发展而言，目标的分享必不可少。年轻人通过与他人分享、共同达成相关的目标和承诺，实现对其行为的合作调控（co‑regulation）。对于青少年和准成年人而言，这些他人包括老师、父母以及同伴。同一个朋友圈的青少年会有着相似的教育抱负以及之后的教育轨迹，这往往也与他们拥有相似的家庭背景有关。对于成人而言，与家人、成就、财富和为人父母有关的目标往往由夫妻共享，而伴侣之间的关系也能够预测他们的婚姻满意度。年轻人的个人目标往往会涉及重要他人，与别人的共同调控在某方面为他们提供了必要的人际支持，也保证了目标不会有所偏离。

最后，成年人的生活需要应对更多的失败，在这种情况下，个体会寻求对失败经验的补偿，如适时放弃目标，进行认知上的调整以保护自我。同时，个体需要适应发展环境中的限制，重新为自己定向，找到新的目标。目标的未达成会让个体沮丧、抑郁；总想着那些不再能够实现的目标也对我们的幸福感无任何好处。当我们的梦想与我们渐行渐远之时，也就是我们为生命的小船设定新的航线之时。

参考文献

葛道顺. 代沟还是代差？——相倚性代差论 [J]. 青年研究，1994（7）：43-46.

廖小平，何方. 论伦理关系的代际特征 [J]. 北京大学学报（哲学社会科学版），2004，41（1）：37-44.

张剑, 张建兵. 促进工作动机的有效路径：自我决定理论的观点 [J]. 心理科学进展, 2010, 18 (5)：752-759.

BAKKER A B, DEMEROUTI E, TARIS T W, et al. A multigroup analysis of the job demands-resources model in four home care organizations [J]. International Journal of Stress Management, 2003, 10（10）：16-38.

BLAU P M. Exchange and Power in Social Life [J]. Transaction Pub, 1964.

DEMEROUTI E, BAKKER A B, NACHREINER F, et al.. The job demands-resources model of burnout [J]. Journal of Applied Psychology, 2001, 86（3）：499-512.

FESTINGER L. A Theory of Cognitive Dissonance[M], 1957.

HOCKEY J, JAMES A. Social Identities across the Life Course [M], 2003.

HOMANS G C. Social behavior as exchange [J]. American Journal of Sociology, 1958, 63 (6): 597-606.

KUPPERSCHMIDT, BETTY R. Multigeneration Employees: Strategies for Effective Management [J]. The Health Care Manager, 2000, 19 (1): 65-76.

MALKA A, CHATMAN J A. Intrinsic and Extrinsic Work Orientations as Moderators of the Effect of Annual Income on Subjective Well-Being: A Longitudinal Study [J]. Personality and Social Psychology Bulletin, 2003, 29 (6): 737-746.

VALLERAND R J. Toward A Hierarchical Model of Intrinsic and Extrinsic Motivation [J]. Advances in Experimental Social Psychology, 1997, 29 (08): 271-360.